Accounting Legal System
and Corporate Taxation in Japan

[著]
TANAKA Satomi
田中里美

会計制度と法人税制

課税の公平から見た会計の役割についての研究

唯学書房

目　次

序　章　本書のねらいと構成　1

第1節　問題意識と研究対象　1

第2節　先行研究　2

第3節　本書の構成　4

1.「第1部　会計制度と法人税制」　4

2.「第2部　課税の公平と会計制度」　5

3.「第3部　会計コンバージェンスと近年の税制改革」　6

第1部　会計制度と法人税制

第1章　戦前における法人税制と会計制度の関係　11

はじめに　11

第1節　法人課税の始まりと商法における企業会計法制の発足　11

第2節　固定資産の減価償却費の損金算入訴訟　14

1.「所得金額決定不服の訴え（明治36〔1903〕年7月10日第一部宣告）」　15

2.「所得金額決定に対する不服の訴え（大正8〔1919〕年4月24日第三部宣告）」　17

第3節　「積立金」の損金算入訴訟と「所得金額決定不服の訴え（明治36〔1903〕年7月10日第一部宣告）」　19

第4節　株式払込剰余金に対する課税訴訟　22

1.「所得金額決定取消の訴え（明治41〔1908〕年4月14日判決）」　22

2.「所得金額決定不服の訴え（明治41〔1908〕年10月31日判決）」　23

第1章小括　25

第2章　企業会計原則の設定とトライアングル体制の確立　28

はじめに　28

第1節　企業会計原則設定の経緯と税制の対応　28
1. 企業会計原則設定の経緯　28
2. 確定決算基準の始まりとシャウプ勧告　30

第2節　商法優位の会計制度　33
1. 企業会計原則の性格と商法優位　33
2. 1962（昭和37）年商法改正における損益法の採用　35
3. 1965（昭和40）年法人税法改正と「確定した決算」の意義　36

第3節　1974（昭和49）年の監査一元化とトライアングル体制の確立　37
1. 1967（昭和42）年における法人税法第22条第4項の公正処理基準の設定　37
2. 1974（昭和49）年の監査一元化と商法第32条第2項の公正なる会計慣行の斟酌規定　38
3. トライアングル体制の確立　39

第2章小括　40

第3章　会計制度の国際化　43

はじめに　43

第1節　調和化の始まりと会計目的の変化　43
1. 調和化の始まりと1984（昭和59）年の引当金概念の拡大　43
2. 資産負債アプローチの登場と会計目的の変化　45

第2節　新会計基準の性質
　　　　──企業会計原則との矛盾・法人税制との乖離　48
1. 退職給与引当金と退職給付に係る会計基準　48
2. 企業会計原則と金融商品に係る会計基準における有価証券の評価　53
3. 固定資産の減損に係る会計基準の減損損失　60

第3章小括　61

第2部　課税の公平と会計制度

第4章　課税原則と課税の公平　67

はじめに　67

第1節　所得概念の類型　67
1. 利益説と能力説　67
2. 処分型と発生型　69
3. 制限的所得概念と包括的所得概念　69

第2節　能力説の始まり　70

第3節　包括的所得概念とアメリカ法人所得税制　72
1. ゲオルク・フォン・シャンツの純資産増加説　72
2. ロバート・マレイ・ヘイグとヘンリー・サイモンズの包括的所得概念　74
3. アメリカの法人所得税制の概要と総合累進課税の創設　75
4. 総合累進課税と包括的所得概念　77

第4節　応能負担原則と日本の法人課税　78
1. シャウプ勧告と税制改革　78
2. 応能負担原則と日本国憲法　80

第4章小括　82

第5章　法人課税の実態　87

はじめに　87

第1節　実質法人税負担率の算定　88
1. 「税務統計から見た法人企業の実態」について　88
2. 実質法人税負担率の計算方法　89

  3. 実質法人税負担率の計算結果（2014年度） 89
  4. 巨大企業ほど実質法人税負担率が低くなる原因について 93
 第2節 実質法人税負担率の推移 95
  1. 資本金規模100億円以上の企業の実質法人税負担率の推移 96
  2. 他の資本金規模の企業の実質法人税負担率の推移 98
 第5章小括 105

第6章 法人税制と企業会計原則 108

 はじめに 108
 第1節 大企業の内部留保拡大に働く保守主義 108
  1. 宮上一男の会計制度論と保守主義 108
  2. 企業会計原則と保守主義 110
 第2節 引当金制度の変化と保守主義 111
  1. 企業会計原則と引当金 111
  2. 引当金の根拠と分類 118
 第3節 減価償却制度と費用の過大計上 119
  1. 定額法と定率法 119
  2. 特別償却 120
  3. 課税ベースを縮小する過大な減価償却 121
 第4節 「資本取引と損益取引区分の原則」と資本準備金
    （株式払込剰余金）の非課税 121
  1.「資本取引と損益取引区別の原則」と企業会計原則 121
  2. 商法上における資本金・法定準備金規定の歴史的変遷 123
 第6章小括 131

第7章 法人税制による会計のゆがみ 134

 はじめに 134
 第1節 政策減税としての租税特別措置 134

1. 租税特別措置の特質と問題点　134
　　2. 租税特別措置における議論と変遷　135
　　3. 戦後の復興と租税特別措置　137
　　4. 高度経済成長と租税特別措置の拡大　138
　　5. 開放経済体制への移行に対する租税特別措置の整備　139
　　6. 租税特別措置の整理縮小化（1970〔昭和45〕年代）　140
　　7. 税制改革と租税特別措置　142
　第2節　1998（平成10）年と1999（平成11）年法人税制改正　144
　　1. 規制緩和と税制改革　144
　　2. 課税ベースの拡大と実効税率の引き下げ　145
　　3. 租税特別措置の整理・合理化の問題　146
　第3節　法人擬制説と受取配当益金不算入制度　148
　　1. 企業実体の公準と法人擬制説　149
　　2. 法人擬制説と法人実在説の意味　151
　　3. わが国の二重課税排除措置の変遷　152
　第7章小括　156

第3部　会計コンバージェンスと近年の税制改革

第8章　公正価値会計へのコンバージェンスと新会社法　163
　はじめに　163
　第1節　コンバージェンスと近年の動向　163
　　1. IASBの成立とコンバージェンス　163
　　2. 東京合意とMOU項目　165
　第2節　新会社法の制定と会計基準の多重構造　168
　　1. 債権者保護法理の後退と資本金規定　168
　　2. 資産・負債の評価と新会計基準への接近　171
　　3. 「計算」の規定と会計基準の多重構造　173

第8章小括　176

第9章　中小会社会計をめぐる議論　178

はじめに　178

第1節　中小会社会計のあり方と「特定基準アプローチ」・「普遍性アプローチ」　178

第2節　中小企業会計の歴史的変遷　180

第3節　中小会計指針の性格　181

　1. 中小企業庁による「中小企業の会計に関する研究会報告書」　182
　2. 日本税理士連合会による「中小会社会計基準研究会」報告書　184
　3. 日本公認会計士協会による「中小会社の会計のあり方に関する研究報告」　185
　4. 中小会計指針の性格　187
　5. 中小会計指針をめぐる中小会社会計の混乱　188

第4節　中小会計要領と混乱の終結　190

第9章小括　191

第10章　近年の税制改革と実態分析　194

はじめに　194

第1節　2007（平成19）年・2011（平成23）年税制改正における減価償却制度とその実態　194

　1. 2007（平成19）・2011（平成23）年税制改正における減価償却制度　194
　2. 政策と減価償却　198
　3. 実態分析　200

第2節　2015（平成27）年税制改正における受取配当益金不算入制度とその実態　202

　1. 2015（平成27）年税制改正における受取配当益金不算入制度　203

2. 受取配当益金不算入制度の実態　　204
　第10章小括　　206

結　章　わが国における会計制度と法人税制　209

あとがき　　223

序　章
本書のねらいと構成

第1節　問題意識と研究対象

　日本では、商法（会社法）、証券取引法（金融商品取引法）および法人税法の3つの関係法令が相互に結びつき、企業会計制度を形成してきた。その企業会計制度の特徴は、商法（会社法）上の配当可能利益の算定に関する計算規定を中心に据えて、証券取引法（金融商品取引法）上の当期純利益の計算も、法人税法上の課税所得の計算も、それぞれが固有の目的や理念を有しながらも相互に調整を図り、共通の基盤的計算基準に依拠すべきものとしていることである。

　しかし、企業会計に対する要請が情報開示へと移行して行く中で、企業利益と課税所得の乖離が進んでいる。2007（平成19）年8月に企業会計基準委員会は、国際会計基準理事会との間で、2011（平成23）年までに日本基準と国際基準の違いを埋めて共通化することを合意した（東京合意）。その後、2009（平成21）年6月に企業会計審議会は、欧州を中心に世界100カ国以上で使われている国際会計基準を日本に導入するスケジュールを盛り込んだ中間報告をまとめた。その報告書では、2015（平成27）〜2016（平成28）年に上場企業の連結決算での強制適用を目指す方針を明らかにした[1]。しかし、2011（平成23）年6月の金融担当大臣の発言等をきっかけにIFRSの強制適

用が延期されることになり、IFRSの強制適用の判断は未だ行われていない。

国際会計基準の導入を背景に中小企業会計のあり方についても議論が対立していたが、「中小企業会計に関する基本要領」の公表により、中小企業会計は国際会計基準の影響を受けない旨を明記し、その混乱に終止符を打った。法人税法は、1998（平成10）年の税制改正によって、国際会計基準やアメリカ会計基準への調和を優先する企業会計基準との乖離を明確にしている。

本書では、商法の施行による企業会計制度と法人課税の始まりから、新会計基準の設定に始まる会計基準のコンバージェンスに至る現在までの会計制度と法人税制の関係の歴史的変遷を研究対象とし、日本の企業課税の中心である法人税において、会計の果たしてきた役割を解明する。この解明をするにあたり重要視した視点は以下の点である。①トライアングル体制と呼ばれる日本の会計規制の形成状況、②課税の公平を損なっている大企業を優遇した会計制度と法人税制、③証券市場のグローバル化が進むに伴い会計制度と法人税制が乖離していく状況、の主に3点を中心に日本の会計制度と法人税制の関係を考察する。

第2節 先行研究

会計制度と法人税制の歴史的な経緯に関する研究は、まず忠佐市の研究が挙げられる。商法における企業会計法制の発足と法人課税の始まりから企業会計原則設定時にかけて課税所得の算定と企業会計の関係について研究がなされている[2]。1899（明治32）年に商法が施行され、法人課税がなされると同時に、行政裁判所において、所得の範囲をめぐっていくつかの判決が出されたが、このような経緯については忠佐市の研究から読み取ることができる[3]。

富岡幸雄は、税務会計学の体系を示し、企業会計と法人税制の関係について総合的に検討している。「税制は政治の顔、社会の公平さの鏡であり、そのあり方は日本の進路を決め、社会構造までを変革する[4]」とし、「税制の生命はそれが『公正』であること[5]」を強調している。租税は、納税者国民の

担税力に応じて適正に、負担が求められなければならず、公正な税制を構築するための最大のポイントは、「課税の基準となる課税ベースが真の意味において理論的に正常な姿によって形成されているか否か、にかかっている[6]」とし、課税ベースの本質と計測に関し科学的な解明を詳細かつ膨大な研究量により検証している。資本金規模の大きい企業の税負担率の低さを指摘した研究は、富岡幸雄の1991（平成3）年と1992（平成4）年における「真実実効税率」を算定する調査においてである[7]。能力説を前提とした応能負担原則に基づくと担税力のある資本金規模の大きい企業ほど、税負担率が低くなる構造は、課税の公平を阻害していると言える。これに対し、応能負担原則に軸を置く公平論とは別に、企業活性化を第一義的に見る公平論を組み立てて、大企業の減税の正当性を主張する論拠もある[8]。富を生む企業を強くすれば、目先は減税であっても将来の税増収につながるという。しかし、政策実現のための手段として税制が独走することに限界があるとの指摘がある[9]。

市川深は、「税務統計から見た法人企業の実態」を使用して、課税所得の圧縮化の実態を分析している[10]。課税所得の圧縮化は、益金の縮小と損金の拡大によるとし、「受取配当益金不算入に関しては、全会社数の1％にも満たない資本金1億円以上の企業でこの制度の実施総額の86％強を占め、とりわけ、全体の僅か0.018％にすぎない資本金100億円以上の大企業がその半分以上を占めている[11]」と分析している。損金拡大化の方向では、引当金、準備金、減価償却費について分析し、資本金規模100億円以上の大企業ほどこれらの制度を多額に利用していると指摘している[12]。

大橋英五は、企業の公表する利益が費用の拡大によって縮小される場合が多いと指摘している[13]。「とくに、減価償却、引当金、棚卸資産の評価、さらに研究開発費の会計処理は、利益操作の重要な手段となっている。また、資本準備金による利益の資本化がなされている[14]」。これらの会計の実態について、『税務統計からみた法人企業の実態』（国税庁）や『法人企業統計』（財務省）などの資料により業種別、資本金規模別の分析を行っている。特に減価償却費の分析では、大企業によって過大な償却が実施されていることを明らかにしている[15]。以上の先行研究を基礎として、本研究を展開する。

第3節 本書の構成

本書は、大きく3部に分かれ、内容は10章で構成される。

1.「第1部 会計制度と法人税制」

　第1部では、商法の施行による企業会計制度と法人課税の始まりから、国際会計基準を基礎とした新会計基準の設定に至るまでの会計制度と法人税制の関係の歴史的変遷を概観した。

　第1章では、戦前における会計制度と法人税制の関係について概観した。1899（明治32）年に新商法が施行されると同時に、所得税法が改正され、法人の所得に対する課税が始まった。しかし、戦前における企業会計制度は、戦後における企業会計原則を取り入れた会計制度とは、認識や測定の面においても商法と所得税法（法人課税に関する規定）ないし法人税法との関係においても異なった制度となっていた。商法と所得税法（法人課税に関する規定）ないし法人税法の関係は希薄であり、法人課税の運用は不安定であったことを指摘した。

　第2章では、企業会計原則が商法や証券取引法及び法人税法にどのような影響を与えていくのかを、企業会計原則の設定からトライアングル体制の確立までの歴史的経緯を追って概観した。企業会計原則は法律ではないが関係諸法令との関係において尊重されるべきものであったため、商法や税法の規定の中で法制化されることでトライアングル体制が確立するのである。その結果、企業会計原則が商法の計算規定の実質的な内容を構成し、さらに商法の計算規定によって作成された決算報告書によって課税所得の算定の基礎が与えられることになった。このような状況を考察した。

　第3章では、FASBやIASCの創設に伴い会計基準の国際的調和化の議論がなされる状況を背景にして、日本の基準に影響を与えた調和化の議論や国際会計基準を意識した新会計基準の設定について概観した。会計基準の国際

的調和化の背景には証券市場のグローバル化があり、FASB や IASB では資産負債アプローチにより財務諸表の構成要素が定義され、その目的には投資意思決定に有用な情報を提供することが重要視された。取得原価主義（収益費用アプローチ）をとる企業会計原則を商法や税法の規定の中で法制化してきた日本の企業会計制度に、新たに資産負債アプローチを基礎にした新会計基準が加わったことから、トライアングル体制と呼ばれた日本の企業会計制度に変化が見られるようになる。法人税法は必ずしもすべての新会計基準を受け入れようとはせず、取得原価主義（収益費用アプローチ）をとる企業会計原則と資産負債アプローチをとる新会計基準とに矛盾が生じ、企業会計制度と法人税制に乖離が生じた状況について考察した。

2.「第2部　課税の公平と会計制度」

　第2部では次の4点（第4章：課税の公平の概念について、第5章：課税の公平を損なっている法人課税の実態、第6章：課税の公平を損なっている原因となる企業会計原則上の保守主義、第7章：課税の公平を損なっている原因となる租税特別措置）にテーマを絞り、それぞれの章で検討した。

　第4章では、依拠すべき課税原則について概観した。能力説すなわち応能負担原則では、税負担が各人の担税力に応じて公平に配分され、同じ担税力をもつ者は同額の租税を納付すべく、より大きな担税力をもつ者はより多くの租税を納付すべきことを主張する。アメリカでは、能力説を基礎とした包括的所得概念を採用し、法人課税についても累進課税が適用されている。それをふまえ、日本における法人課税の考え方について考察した。

　第5章では、日本の法人課税の実態について概観した。実質法人税負担率を算定し、大企業ほど税制の優遇を受けている実態を明らかにした。制度は大企業ほど税負担を軽減するのに有利な仕組みになっている状況を長期的な統計データにより検証した。

　第6章では、保守的で恣意的な会計を容認する企業会計原則の規定を中心に概観した。保守的な会計制度は、企業の内部蓄積を強化し、課税ベースを

縮小する。現在は廃止されているが、企業会計原則の修正案が提出されるたびに引当金制度が法人税法本法の中で受け入れられた。減価償却においても、定率法や租税特別措置法上の特別償却は、加速度的な償却を促進する。戦前まで課税されていた資本準備金（株式払込剰余金）は、企業会計原則の設定や1950（昭和25）年商法改正に伴って非課税となった。以上のように引当金規定と減価償却規定と資本準備金規定についてそれぞれを概観したが、どの規定も課税ベースを縮小させる効果があったことを指摘した。

第7章では、応能負担原則に反する大企業優遇税制を導いた原因について、法人税法上の租税特別措置を中心にして検討した。租税特別措置は、特定の政策目的のための誘因手段として、租税負担公平の原則を犠牲にするという不可避的な性格を有する。現在もなお経済の活性化という政策目標の下で租税特別措置が拡大し、法人税率についても税制調査会において引き下げる方向で議論がなされている。法人課税の中で受取配当益金不算入制度が特に大企業を優遇している。さまざまな状況により、受取配当益金不算入制度が必要なのであれば、少なくとも企業優遇税制として位置づけるべきであることを指摘した。

3.「第3部　会計コンバージェンスと近年の税制改革」

第3部では、第8章：コンバージェンスの進む会計基準の状況、第9章：会社法と中小会社会計基準をめぐる議論、第10章：近年の税制改革の特徴とその実態分析について、それぞれを各章で検討した。

第8章では、会計コンバージェンスの現段階と2005（平成17）年の会社法施行における企業会計上の問題を概観した。日本でもコンバージェンスに向け議論が進み、IFRSと日本基準との差異の解消（コンバージェンス）が図られることになっているが、IFRSの強制適用は延期された。2005（平成17）年会社法改正では、最低資本金制度を廃止し、さらに資本確定の原則や資本不変の原則等の財産保全機能にとっての重要な原則を放棄するに至った。資産・負債の評価基準にも新会計基準の影響が見られ、その評価規定に時価に

関する多様な規定が組み込まれ、公正価値会計の影響を受けていることがうかがえる。また会社法は、公正なる会計慣行を3種類に分け、「会計の慣行」と「企業会計の慣行」と「企業会計の基準」に分類した。すなわち、「公正性」には企業主体の属性の差により、異なる公正概念が存在し、「公正性」が多重構造として組み立てられていることが理解できる。この多重構造を前提とすると、大会社か中小会社かという企業属性が異なる場合には、異なる会計基準の設定が必要となることを指摘した。

　第9章では、中小会計指針と中小会計要領成立までの中小会社会計について概観した。中小企業の会計基準の設定に際し「普遍性アプローチ」と「特定基準アプローチ」があり、中小会計指針の作成にあたり、どちらのアプローチを採用するか、各機関で異なった報告書を提示した。各報告書には他にも基準設定の背景や考え方、中小企業会計の在り方や適用対象について、それぞれ大きな違いが見られたが、3つの報告書を基礎として作成された中小会計指針は「普遍性アプローチ」をとることになった。会社法において中小会計指針は、会計参与が作成する計算書類の指針として位置づけられた。中小会計指針は情報開示の観点から国際会計基準に準拠した新会計基準の適用を促すものであり「普遍性アプローチ」を採用していることからも、「コンバージェンス」の一環として単一の会計基準の適用を目指すものであった。一方、2012（平成24）年に成立した中小会計要領は、中小会社の特性を考慮して作成され、国際会計基準の影響を受けないものとなった。これらの一連の経緯について概観した。

　第10章では、近年の税制改革として2007（平成19）年税制改正の減価償却規定と2015（平成27）年税制改正の受取配当益金不算入制度についてその制度を概観し、実態分析をした。2007（平成19）年税制改正でさらに加速的な減価償却が可能となり、残存価額は廃止され、備忘記録を1とした額まで償却することが可能となった。この改正の背景には、企業の活性化を政策目標とし、国際競争力と制度の国際的整合性の観点から減価償却制度の見直しがなされた。実態を分析すると大企業ほど有効に制度が活用される状況にあり、大企業の課税ベースを縮小する傾向にある。2015（平成27）年税制改正

において受取配当の益金不算入割合が縮小した。しかし、この改正においても法人擬制説の見直しやあるべき法人税制について議論されなかった。実態を分析すると特に巨大企業の受取配当益金不算入額が増加傾向にあり、この額が課税所得から除外されていた。受取配当益金不算入制度は著しく巨大企業の税負担を軽減しているものであると指摘した。

そして最後に、全体を通じて法人税制における会計の果たしてきた役割を結章でまとめた。

注

1　「日本経済新聞」2009年6月12日。
2　忠佐市『税法と企業会計原則』中央経済社、1953年、『企業会計法の論理』税務経理協会、1977年、参考。
3　忠佐市『企業会計法の論理』税務経理協会、1977年、69頁注記。
4　富岡幸雄『税務会計学原理』中央大学出版部、2003年、序ⅰ。
5　同上書、序ⅰ。
6　同上書、序ⅰ。
7　同上書、1481頁〜1491頁。
8　政府税制調査会「平成19年度の税制改正に関する答申――経済活性化を目指して」(参照2009年8月2日、http://www.cao.go.jp/zeicho/tosin/181201a.html)。
9　富岡幸雄、前掲書、1288〜1291頁。
10　市川深編著『税務会計』日本評論社、1976年、61〜65頁。
11　同上書、61頁。
12　同上書、63頁。
13　大橋英五『現代企業と経営分析』大月書店、1994年、69頁。
14　同上書、69頁。
15　同上書、78頁。

第1部
会計制度と法人税制

第1章

戦前における法人税制と会計制度の関係

はじめに

　本章では、商法の施行による企業会計制度と法人課税の始まりついて概観し、これらの制度の導入時期に起こった裁判について検討する。これらの裁判から、当時の会計制度と法人税制の状況について考察する。

第1節 法人課税の始まりと商法における企業会計法制の発足

　1887（明治20）年に、わが国において所得税法が創設された。当時の所得税法では、個人の所得に対して課税され、法人の所得に対しては課税されていなかった[1]。法人の所得は、法人から受け取る配当に対して、個人の所得として課税されていたため、法人に課税するまでもないと考えられていた。このため、1887（明治20）年の所得税法は「凡ソ人民ノ資産又ハ営業其他ヨリ生スル所得」を課税の対象としている。

　1890（明治23）年に日本で初めて商法が公布され、企業会計法制が発足したのは、1893（明治26）年から施行された旧商法の規定であった[2]。会社についての規定を要約すると次の通りである。「各商人ハ其営業部類ノ慣例ニ

従ヒ完全ナル商業帳簿ヲ備フル」責任がある (旧商法第31条)。会社は開業の時および毎事業年度の終わりにおいて、「動産不動産ノ総目録及ヒ貸方借方ノ対照表ヲ作リ」特に設けた帳簿に記入しなければならない (旧商法第32条第1項)。財産目録および貸借対照表には、①「総テノ商品、債権及ヒ其他総テノ財産ニ当時ノ相場又ハ市場価値ヲ附」さなければならず、②回収が確実でない債権については回収不能見積額を控除して記載し、無価値となった債権は記載してはならない (旧商法第32条第2項)、と定められていた。当時の企業会計法制では、開示対象となる財務諸表が財産目録と貸借対照表とされ、評価については時価が採用されていた[3]。さらに「第六章商事会社及び共産商業組合」において商事会社が合名会社、合資会社、株式会社に分類された。株式会社の会計の手続きについて要約すれば、次の通りである。毎年少なくとも1回計算を閉鎖して、財産目録、貸借対照表その他法定の書類を作成し、監査役の検査を受け、株主総会の認定を受けた後、財産目録および貸借対照表を広告しなければならない (旧商法第218条)。

　1899 (明治32) 年に新商法 (明治32年法律48号) が発足する。会社の会計の手続きについて要約すれば、次の通りである。「帳簿ヲ備ヘ之ニ日日ノ取引其他財産ニ影響ヲ及ホスヘキ一切ノ事項ヲ整然且明瞭ニ記載ス」ることを要する (商法第25条第1項)。設立登記の時に「動産、不動産、債権、債務其他ノ財産ノ総目録及ヒ貸方借方ノ対照表」を、引き続いて毎年1回一定の時期にこれらの書類を作成し (商法第26条第1項)、年2回以上利益の配当をする会社は毎配当期にこれらの書類を作成し (商法第27条)、特設の帳簿に記載しておかなければならない。そして「財産目録ニハ動産、不動産、債権其他ノ財産ニ其目録調製ノ時ニ於ケル価格ヲ附スルコトヲ要ス」る (商法第26条第2項)。株式会社については、財産目録、貸借対照表、損益計算書、その他の計算書類について、監査役の調査の報告を添えて株式会社に提出し、株主総会の承認を受けた計算書類を広告しなければならない (商法第190〜192条)、と定められていた。商法第194条には準備金に関する規定が設けられ、195条には利益配当に関する規定が設けられた。

　新商法が1899 (明治32) 年に施行されると同時に、所得税法が改正され、

法人の所得に対する課税が始まる。すなわち、法人の所得を第一種所得として法人に第一種所得税を課税することとなり[4]、個人の所得を第三種所得として個人に第三種所得税を課税するに至った[5]。株主に第三種所得税が課税されるのに代えて、法人に第一種所得税を課税すると改められた。そのため、個人が法人から受け取る利益配当には、第三種所得税は課税されないこととなった。

こうして新商法が施行され、法人課税がなされると同時に、行政裁判所において、所得の範囲をめぐっていくつかの判決が出された[6]。株式発行差金に対する課税問題や、減価償却費の損金算入問題、また積立金に対する損金算入問題である。これらの課税問題については第2節、第3節、第4節で概観する。

1907（明治40）年の商法改正では、第26条第2項が、「財産目録ニハ動産、不動産、債権其他ノ財産ニ価格ヲ附シテ之ヲ記載スルコトヲ要ス其価格ハ財産目録調製ノ時ニ於ケル価格ニ超ユルコトヲ得ズ」と改められ、財産評価における時価以下主義が一般化することになった。

1927（昭和13）年の商法改正では、画一的な時価以下主義の規定のほかに、「営業用ノ固定財産ニ付テハ（中略）其ノ取得価額又ハ製作価格ヨリ相当ノ減損額ヲ控除シタル価格ヲ附スルコトヲ得」（商法第34条第1項）という取得原価主義の規定が追加された。株式会社については、商法第34条の一般的規定に対して、特に「財産目録ニ記載スル営業用ノ固定資産ニ付テハ其ノ取得価額又ハ製作価額ヲ超ユル価格、取引所ノ相場アル有価証券ニ付イテハ其ノ決算期前一月ノ平均価格ヲ超ユル価格ヲ附スルコトヲ得ズ」（商法第285条）という規定が設けられ、時価以下主義が徹底された。時価以下主義についての根拠は、田中耕太郎の「貸借対照表法の論理」の中で述べられている。時価以下主義とは、商品や有価証券などの取引価格又は市場価格を有する財産については時価以下で評価しても困難はなく、建物、機械、設備等の使用財産については、客観的公定市価が存在せず、設備の譲渡を前提とせず、客観的価値を決定するにあたり多大なる費用が掛かるため、取得原価以下で評価すべきというものである[7]。こうした時価以下主義の合理性について、ド

イツ商法を例に挙げて次のように述べている。「独逸に於いては株式会社に関する限り取得価額に関する慣行を成文化したのである。また独逸商法第261条第1項は公の市場のある有価証券その他のものは其の公定相場及び取得原価額の何れをも最高限度とし、その他の資産は取得原価を最高限度とする[8]」。

1940（昭和15）年の税制改正では、法人には法人税法によって法人税を課税し、個人には所得税法を課する制度に改められた。

第2節 固定資産の減価償却費の損金算入訴訟

新商法が施行され、法人課税がなされると同時に、行政裁判所において、所得の範囲をめぐっていくつかの判決が出された。ここでは、固定資産の減価償却費が損金に算入されていたか否かについて考察する。当時の商法では貸借対照表における固定資産の価格を財産目録調製の時の価格で評価すべきあると規定しており、いわゆる時価により固定資産の評価がなされていた。また、商法において固定資産の減価償却の規定が明確におかれていなかった。このことにより、減価償却費の損金性について裁判が起こされたのである。

1902（明治35）年5月14日に商法第26条第2項の「目録調製ノ時ニ於ケル価格」の意義が株式会社東京株式取引所の商法違反再抗告事件の判決で示された[9]。この判決では、商法第26条第2項の財産目録調製の時における価格は、会社が主張した取得原価説をしりぞけて、交換価格説によるべきであると判示された。1907（明治40）年に第26条第2項が、「財産目録ニハ動産、不動産、債権其他ノ財産ニ価格ヲ附シテ之ヲ記載スルコトヲ要ス其価格ハ財産目録調製ノ時ニ於ケル価格ニ超ユルコトヲ得ズ」と改正されたこと、ならびに裁判の判決から、資産評価は時価以下主義と解釈されるようになる。この判決は、固定資産の減価償却費が損金算入されるか否かについての一つの判断の基準となった。行政裁判所は固定資産の減価償却費の損金算入

をある事例では認め、また他の事例では認めなかった。その事例として、本節では「所得金額決定不服の訴え（明治36年7月10日第一部宣告）」の減価引除金[10]の取り扱いと、「所得金額決定に対する不服の訴え（大正8年4月24日第三部宣告）」による減価償却の方法について検討する。

1.「所得金額決定不服の訴え
　　（明治36〔1903〕年7月10日第一部宣告）」

　この判決は、株式会社東京株式取引所の商法違反再抗告事件の1年後に起こされたものである。商法第26条第2項の財産目録調製の時の価格についての解釈が、原告日本郵船株式会社[11]（以下原告）と被告東京税務監督局長（以下被告）で異なる。原告は減価償却費を固定資産の欠損とみなし、減価償却によって逓減した金額を財産目録調製の時の価格としている。一方で、被告は財産目録調製の時の価格に原告の主張を受け入れず、減価償却費による減価引除金を積立金の一種であると主張した。その結果、原告の主張が受け入れられ減価償却費が損金算入されたケースである[12]。

　原告の船舶減価引除金と建物減価引除金についての主張の要点[13]をまとめると次の通りである。

- 船舶減価引除金の性質は資本欠損の補塡である。そのため、船舶減価引除金となる製造船価の百分の二を控除することが可能であり、この資本欠損の補塡金額に対して課税することが不当である。
- 商法第26条の規定に拠れば、会社の財産目録はその財産に目録調製の時における価格を付すことを要求している。その結果、例えば公債等が価格券面価以下に低下した時、その差額はその年度の損金となり、利益から補塡するものである。この欠損補塡金額に対しては課税すべきではない。また実際においても課税されていない。
- 建物減価引除金も資本の欠損を補塡する性質があり、百分の二に当る金額を控除して損金とすることができ、法律上課税されるべきものではない。

被告の反対答弁における船舶減価引除金と建物減価引除金についての主張の要点をまとめると次の通りである。

- 原告の定款において、船舶減価引除金の算定方法を見ると、船舶維持のため、製造船価の百分ノ二を控除すべきことを規定している。算定方法は決して財産目録調製の時における現実の価格の昂低を表明するものではない。
- これをもって資本欠損額であると言うのは、事実と相反するものである。原告が船舶の減価引除金を設けたのは代用の船舶を購入した時の多額の支出に備えるためであり、一種の積立金に外ならず、益金として計算することが正当な処分である。建物減価引除金についても船舶における場合と同一の理由をもって一種の積立金であると考えられ、船泊減価引除金も建物減価引除金も益金として計算することが正当であると主張する。

そして、判決は以下の通りであった。

- 被告は、原告が毎事業年度に船舶の減価として百分ノ二、建物の減価として百分ノ一を控除することは現実の価格を表明するものではないとし、本件船舶減価引除金及び建物減価引除金をもって資本の欠損を補填する損金として認められないと主張する。
- しかし、本件は船舶の時価を定めるのことが困難であり、原告において一定の標準耐用年限を定め年々その価額を逓減することは相当な方法である。建物は普通の相場があるため船舶の例に倣うべきではないが、その価格にも変動がある。したがって、被告において単に原告の算定が良くないとの理由で総ての引除金を益金に計算することは正当な処分とは言えない。船舶減価引除金及び建物減価引除金を益金に計算する処分を取り消す。

以上のような判決が下り、一定の標準耐用年限を定め年々その価額を逓減する減価償却費計算が相当の方法と認められ、この方法に従って逓減した固定資産の金額が財産目録調製の時の価格として相当であることの事実を認定した。こうして、船舶と建物による減価償却費の損金算入が可能となる判決となった。

2.「所得金額決定に対する不服の訴え
　　（大正 8〔1919〕年 4 月 24 日第三部宣告）」

　この判決は、先に見た「所得金額決定不服の訴え（明治 36〔1903〕年 7 月 10 日第一部宣告）」と同様、原告は日本郵船株式会社（以下原告）であり、被告は東京税務監督局長（以下被告）であった。この裁判は、船舶の減価償却方法[14]をめぐって争われたものであった。

　原告陳述の要旨[15]をまとめると次の通りである。

- 船価を一貫して製造後 25 年間で償却することは、明治 36（1903）年第 51 号事件の判決でその正当性が承認された。
- しかし、被告の援用する相続税法においてもこの原則を採用しているにも関わらず、被告がこの原則に依る計算方法を認めないことは違法である。
- 所有財産の価格の見積は常に現実の時価に対し多少の余裕を置くべきであり、当然にして商法第 26 条第 2 項においても財産目録に付すべき価格は時価以下となるべきである。
- 所得税は所得税法に特別な規定がない以上、会社か商法の規定に基づいて作成した財産目録を基礎として課税することとなる。

これを受け、被告答弁の要旨をまとめると次の通りである。

- 原告は所有船舶の価格を毎年製造原価の 25 分の 1 の割合で減価償却

を為し、25年を経過してもなお、現に船体を保有し、その用途に航行し、収益を為しつつある。
- それにも関わらずこれを無価値とする計算方法をとることは、事実に反するものである。耐用年数は最大20年で残存価額が20％である。その主張の根拠は、相続税法第4条第2項第1号但書に製造後20年を経過したものは製造費の5分の1をもってその価額とするとの規定による。

判決は以下の通りであった。

- 相続税法と異なり、所得税に関する法規には、船舶の評価につき別段の定めがないため、船舶は時価によってこれを評価すべきものと解釈されている。この評価は、時価以下の価格を付することが可能である財産目録の記載に依拠し、また時価の如何にかかわらず原告主張の如き計算方法に従わなければならないという訳ではない。
- 原告の援用した明治36（1903）年第51号事件の判決は、船舶について耐用年限を定め、原価をその年数に割あてたにすぎず、割当金額がその原価の逓減した価額とすべき旨の法則があることを判示したものではなく、この方法に従って逓減した金額がその事件につき当時の時価として相当であることの事実を認定したに過ぎないものであった。
- したがって、本件は係争事業年度において製造後20年を超える原告所有船舶の実際の価格が製造費の20％を下回らないことが原告の争点となっていないため、被告がこの船舶の価額を製造費の20％と評価したことは違法または失当なりとすべきではない。

こうして、原告の主張の中には、相続税法の規定に対する反対理由がなく、被告の主張による相続税法に依拠した減価償却方法を違法とは言えないとし、被告の主張が受け入れられた。

両裁判は、共に原告が日本郵船株式会社で、被告が東京税務監督局長であ

る裁判であり、減価償却費の損金算入について問われた訴訟であった。前者の事例である「所得金額決定不服の訴え（明治36〔1903〕年7月10日第一部宣告）」では、減価償却費の損金算入が肯定される。その根拠は、減価償却に従って逓減した固定資産の金額が当時の時価として相当であるとしたことである。財産法思考の商法において、資産の評価は時価以下主義で行われており、その基準が課税所得計算に受け入れられたのである。

後者の事例である「所得金額決定に対する不服の訴え（大正8〔1919〕年4月24日第三部宣告）」では減価償却費の損金算入が否認されることになる。この判決では、当時の相続税法に耐用年数と残存価額が定められていたが、所得税法や商法には減価償却方法の明確な規定がなかった。会社が定款において独自の減価償却方法を規定していたが、相続税法の規定に反する償却方法の正当性を立証できなかったため、減価償却費の損金算入が認められなかったケースとなった。

商法における時価以下主義の考え方から減価償却費を損金算入するケースもあった。しかし、商法には減価償却方法の明確な規定を定めていなかったため、当時の法律との関連性も踏まえて、行政裁判所は固定資産の減価償却費の損金算入をある事例では認め、また他の事例では認めなかった状況がうかがえる。

なお、固定資産の減価償却費を法定の要件のもとに損金算入することを規定するという所得税法改正法律案が、1908（明治41）年、1911（明治44）年の帝国議会に提出されたが、いずれも成立を見るに至らなかった[16]。

第3節 「積立金」の損金算入訴訟と「所得金額決定不服の訴え（明治36〔1903〕年7月10日第一部宣告）」

第2節1.で「所得金額決定不服の訴え（明治36〔1903〕年7月10日第一部宣告）」における減価引除金の課税問題について検討したが、本節では同じ判決から、保険積立金と大修繕積立金の課税問題について検討する。後の引当金となる項目である。積立金の会計が所得税法上どのようにとらえられてい

たのかを検討する。

まず、原告の保険積立金に関する陳述要旨[17]は、次の通りであった。

- 海運業における船舶の保険は事業そのものの性質上資本維持の方法として欠かせないものである。
- その金額は保険会社と保険の契約をした場合においては、毎年保険料として現実に支払うものと同様の性格である。
- ある船舶に対して自ら保険の制度を創設しこれを積立金と称しているため、その実体はすでに他の会社に対して支払われたものを別途に積み立て、不時の災害に備えるものである。
- そのため、この積立金は課税されるべき純益とみるべきではない。

この原告の提訴に対して被告は次のような反対答弁を行った。

- 船舶保険積立金につき原告は自保険の制を取ったものとして、その実体は他の会社に対して支払われたものを原告において保有するに過ぎないと主張するけれど、これは一種の積立金であり、現実に支出されない限りはこれを損金と認めてはならない。
- 現実に支出した金額については損金としても、残額はこれを益金に加算すべきことが当然である。

以上のようにして、被告である東京税務監督局長は、現実に支出のあったものにしか損金を認めないことを主張した。

このようなやりとりを受けて行政裁判所は、次のような判決を下した。

- 保険積立金は、資本維持の為に欠かせないものであり、会社の損金になると原告は主張しているが、その金額はその時々の費用に充てるものであるから、現実資本を補塡する損金ではない。したがって、被告における期末に支出しない金額を益金に計算することは正当である。

- 実際には、保険料として他に支払った場合と保険積立金として控除しておいた場合との間に大きな違いはないとしても、保険積立金は現実に支出した資金ではないので、所得税法第4条の総損金に含めるべきものではなく、損害が実際に発生してその積立金を現実資本の補塡に充当した年度に総損金に算入すべきものである。

以上のように、判決では現金主義的な見解がとられ、実際に支出のあった金額のみ損金に算入することになった。

次に、大修繕積立金について原告の陳述要旨[18]は次の通りであった。

- 船舶大修繕積立金はその資本補塡の一方法に外ならず、船舶は総ての修繕を加えなければ使用することができない。その価格を維持するには、特に船体の要部である汽鑵の入替もしくは模様替のような一時に莫大な金額を必要とするものになる。
- このために会社の損益の平準を失わないよう、統計上必要となる修繕の平均額を査定してこれを補塡しようとするものであり、この金額に対して課税するのは不当である。

これに対する被告の答弁は次の通りである。

- 原告は船舶大修繕積立金をもって資本補塡の損金であると主張しているが、この積立金は修繕を要する事件が発生した場合において支出するものである。したがって支出した金額によりこれを損金と認めるべきである。未だ支出しないものについてはこれを損金と認めることはできない。

以上のことから、行政裁判所は大修繕積立金についても現金主義的な判決理由により、保険積立金と同様の判決を下した。

後の引当金となる性質の積立金の引当額は、損金算入されなかった。損金

算入されるか否かの判断の根拠は、資本維持に必要な費用であるか否かではなく、現金主義的な考え方に依拠していた[19]。

第4節 株式払込剰余金に対する課税訴訟

1950（昭和25）年商法改正前までは、資本額と株金総額（株金総額＝券面額×発行済株式総数）は一致していた。資本準備金制度も確立していなく、株式発行差金はすべて、準備金として企業内に積み立てられていた。つまり、企業が営業により稼得した利益も、株式発行に生じた株式発行差金もその区別なく、資本の4分の1を超えるまでは準備金として企業内に積み立てられた。そこで問題となったのが、額面株式の発行差金を所得ととらえて課税するか否かである。所得税法第5条第5号の「営業ノ事業ニ属セザル一時ノ所得」の非課税規定をめぐって一連の訴訟が起こされた[20]。当該訴訟については、額面株式の発行差金が営業の事業に属する一時の所得に該当するか否かについて争点となった。以下二つの事例を考察する。

1.「所得金額決定取消の訴え（明治41〔1908〕年4月14日判決）」

1908（明治41）年に原告名古屋銀行（以下原告）が被告名古屋税務監督局長（以下被告）に対して裁判を起こした。その要旨[21]をまとめると以下の通りである。

原告は、1906（明治39）年上半期において資本金500,000円の増資をした。各株主は1株50円につき15円の価格差金を付して払い込みをして、当該価格差金総額150,000円を同年度上半期の積立金に繰入れた。このことについて、原告は次のように主張している。

- 当該価格差金は、株式募集の目的における増資であり信用を増進するに過ぎないものとして、当該所得は営業によって得た利益ではない。

- すなわち、営利の事業に属さない一時の所得である。したがって所得税法第5条第5号に該当し明らかに課税の免除を受けるべき性質のものである。

被告の主な主張は次の通りである。

- 本件価格差金150,000円は営業の事業による所得であるため、所得税法第5条第5号に該当しない。

そして判決の結果は次の通りである。

- 本件の価格差金150,000円は営利の事業による所得であり、所得税法第5条第5号に該当しない。
- 本件主要の争点は当該価格差金が所得税法第5条第5号に該当するか否かの一点である。本件の株式募集は、原告が営業上必要として増資をしたのであれば、これによって得た利益は営利の事業に属するものである。従って当該価格差金は同法第5条第5号の規定に該当しないものである。

当時の商法には資本準備金という概念が存在していなかったため、株主から払い込まれた株式発行差金は利益剰余金と同様に扱われ、所得として認識された。

2.「所得金額決定不服の訴え（明治41〔1908〕年10月31日判決）」

1908（明治41）年にも、もう一つ同様の事件が起きた。原告株式会社共通銀行（以下原告）、被告金沢税務監督局長（以下被告）の裁判である。要旨[22]をまとめると次のようになる。

原告は1906（明治39）年12月設立を発起し、資本の総額を300,000円、1

株 50 円、総株数 6,000 株のうち 4,000 株は額面以上の 52 円で株式募集を行った。1907（明治 40）年 1 月 21 日に創立総会が終結し会社が成立した。4,000 株に対する額面超過金の合計 8,000 円は商法第 194 条第 2 項の規定により準備金に組み入れられた。原告は、1907（明治 40）年 4 月から営業を開始し、6 月までの所得金は、1,851 円 66 銭であった。これにより、被告は原告の所得を決定することにあたり、額面超過金 8,000 円を所得に計上し、9,851 円 66 銭の所得額決定通知書を交付した。これに対して原告は被告に審査を請求した。

このことについて、原告は次のように主張する。

- 額面超過金 8,000 円は、商法第 194 条第 2 項に従って準備金に組み入れたものであり、その性質は資本と同視すべきものである。これは利益ではなく、所得税法第 5 条第 5 号の営利の事業に属さない一時の所得に該当し、所得税は課されないものである。
- また、本件の額面超過額 8,000 円は、原告の営業開始以前の収入であり、これを営業上の利益とすることは不当である。

そして原告は、1907（明治 40）年 4 月から同年 6 月までの原告の所得金に額面超過金 8,000 円を計上した処分を取消すことと、訴訟費用は被告が負担することを請求した。

被告の答弁の要旨は次の通りである。

- 株式額面差額超過額金 8,000 円を原告所得中に計上したけれども、この計上は商法及び所得税法の解釈上、正当であり、原告の請求は相立たない。
- また訴訟費用は原告共通銀行の負担とすべきである。

判決の結果、被告が勝訴するが、その理由は以下の通りである。

- 株式を額面以上の価格で発行した場合に、その超過額は商法第194条第2項によって準備金に組み入れられる。
- しかし、その超過額は会社の資本の性質を有するものではない。それは、会社の純然たる利益であり、同条第1項により準備金中に組み入れるべきものである。準備金に組み入れたことにより資本金であるとの原告の主張には根拠がない。また、本件の額面超過額金8,000円は一時の収入であると原告が主張するが、株式の募集は、原告の資本の調達にあたり、この調達は営業上、必要とされる行為であるため、この行為によって得た利益は営利の事業に属する所得である。よって所得税法第5条第5号に該当しない。

　以上の2つの訴訟は、株式会社が資本を増加させるという行為を営業活動に相当する行為とし、新株を募集したことによって取得した剰余金を営業の利益に属するものと解釈した。そのため新株の額面発行差金（株式プレミアム）は「営業ノ事業ニ属セザル一時ノ所得」に該当せず、所得として扱われ課税対象となっていた。1950（昭和25）年改正前の商法と法人税法では、たとえ株主が払い込んだものであっても、額面株式の額面額を超える部分については利益あるいは所得として取り扱われる制度となっていた。

第1章小括

　1899（明治32）年に新商法が施行されると同時に、所得税法が改正され、法人の所得に対する課税が始まる。こうした新商法の施行と法人課税の実施と同時に、行政裁判所において、所得の範囲をめぐっていくつかの判決が出された。減価償却費の損金算入の裁判においては、時価以下主義を根拠として、減価償却費が損金算入された判例もあったが、相続税法の規定を根拠として減価償却費が損金算入されなかった判例もあった。このことから、必ずしも商法の規定が解釈の根拠をもっていた訳ではなく、優位性を保ってい

なかった状況がうかがえる。積立金（後の引当金）の裁判における判断の根拠は、積立金に要する金額を資本維持に必要な費用であると見るのではなく、現金主義的な考え方に依拠していた。さらに、株式額面超過金（後の資本準備金）の裁判においては、株式会社が資本を増加させるという行為を営業活動に相当する行為とし、新株を募集したことによって取得した剰余金を営業の利益に属するものと解釈し、課税していた。

このように、戦前における企業会計制度は、戦後における企業会計原則を取り入れた会計制度とは、認識や測定の面においても商法と所得税法（法人課税に関する規定）ないし法人税法との関係においても異なった制度となっていた。商法と所得税法（法人課税に関する規定）ないし法人税法の関係は希薄であり、法人課税の運用は不安定であったことが指摘できる。

注

1. 金子宏『租税法〔第11版〕』弘文堂、2006年、49頁。
2. 忠佐市『企業会計法の論理』税務経理協会、1977年、61頁。
3. 同上書、61頁。
4. 当時の税率は2.5%である。
5. 金子宏、前掲書、50頁。
6. 忠佐市、前掲書、69頁注記。
7. 田中耕太郎『貸借対照表法の論理〔第3版〕』有斐閣、1948年、270頁。
8. 同上書、317頁。
9. 忠佐市、前掲書、63頁。
10. 減価引除金は現在の減価償却累計額を指す。
11. 1893年に日本で最初の一般会社法規である商法に基づき設立された株式会社。
12. 高寺貞男「明治三十二年所得税法と減価償却会計（その二）」『経済論集』第92巻第5号、京都大学経済学会、1963年11月、69～73、76頁。
13. 『行政裁判判決録』第14巻、1903年、619～631頁。
14. 日本郵船の減価償却方法については、山口不二夫『日本郵船会計史』、1998年、白桃書房、154～158頁を参考にされたい。
15. 『行政裁判判決録』第30巻、1919年、255～260頁。
16. 忠佐市、前掲書、63頁。

17 『行政裁判判決録』第 14 巻、1903 年、619 ～ 631 頁。
18 同上書、619 ～ 631 頁。
19 熊谷重勝『引当金会計の史的展開』同文舘出版、1993 年、85 ～ 88 頁。
20 法律新聞第五百五號、第三種郵便物認可、明治四十一年六月廿五日、十七面。
21 『行政裁判判決録』第 19 巻、410 ～ 413 頁。
22 同上書、1166 ～ 1170 頁。

第2章
企業会計原則の設定とトライアングル体制の確立

はじめに

　本章では、企業会計原則が商法や証券取引法及び法人税法にどのような影響を与えていくのかを、企業会計原則の設定からトライアングル体制の確立までの歴史的経緯を追って概観する。

第1節　企業会計原則設定の経緯と税制の対応

1. 企業会計原則設定の経緯

　1947（昭和22）年にGHQの経済科学調査統計部（ESS）は、企業会計原則設定運動のきっかけとなる「工業会社及び商事会社の財務諸表作成に関する指示書」：Instructions for The Preparation of Financial Statements of Manufacturing and Trading Companies.（以下、インストラクション）を公表した。その目的は次の2点である。第一に、GHQが健全で民主的な日本の産業経済の樹立のための努力に関連し、逐次その権威において要求する財務報告書が明瞭で解りやすいものとなるよう日本の各社の実務を援助する

こと、第二に、日本の企業会計実務の改善・統一化のための基礎とすることである[1]。インストラクションの主要な特徴として次のような点が指摘できる[2]。

①資本金を「払込済資本金」とし、「未払込資本金」の計上を禁止した。
②財務諸表の体系として貸借対照表、損益計算書に、剰余金計算書および利益処分案を加え、財産目録を外している。
③引当金に関し、積立金ないし準備金との区別を明瞭にし、評価性引当金と負債性引当金を概念的に区別し、両者の表示における違いを明らかにした。
④仮勘定の貸借対照表能力を否定した。
⑤貸借対照表の科目配列を、固定性配列法から流動性配列法に改めた。

しかし、インストラクションは、戦前の日本の基準（「商工省準則」）を下敷きとしていたために、GHQ が意図する証券市場（証券取引制度）への対応が不十分であったと指摘されており、うまく機能しなかった。日本経済の「自立」のために企業自己資本の蓄積を図り、企業の合理化体制に即応する制度を導入する必要性が生じ、インストラクションの修正が検討された。その検討中に、根本的に企業会計の基礎となるべきところの会計原則を確立しなければならないという意見をみるに至る[3]。そして、証券取引制度を前提とした企業会計原則設定運動へと引き継がれていく[4]。

その後、1949（昭和24）年5月にコロンビア大学教授のシャウプ（Carl S. Shoup）を団長とする日本税制使節団が来日する。シャウプの支援の下で、日本の税制の抜本改革を目的として「企業会計原則」が設定されていくことになる。シャウプは企業の課税所得を、会計記録を基礎とした利益計算による必要があると考え、そのための企業会計基準として「企業会計原則」の設定を援助したのである。

同年7月に、アメリカ占領下の経済安定本部が発表した「企業会計原則」を受け入れた。その具体的役割として、「企業会計原則は、将来において、

商法、税法、物価統制令等の企業会計に関係ある諸法令が制定改廃される場合において尊重されなければならないものである(『企業会計原則の設定について』二3)」と述べられている。つまり、商法会計と企業会計と税法会計の関係の今後のあり方として、「企業会計原則」を基軸として調整されるべき旨が宣言されたのである[5]。

同年9月には、シャウプ教授を団長とするシャウプ使節団によって作成された「日本税制報告書」(第一次シャウプ勧告)が公表された。この第一次勧告は、ほぼ全編にわたって所得課税制度が近代会計に立脚すべきことの重要性を指摘した[6]。つまり、正確な帳簿によって記録された報告書による申告納税制度がとられ、近代会計の重要性が指摘された。

さらに、1950(昭和25)年の商法改正において、無額面株式が導入され、資本金と資本準備金の振り分けの基準が整備されるなどして資本準備金制度(商法第288条ノ2)が確立した。これに関連して額面超過金及び無額面株式の払込剰余金(株式発行費用は控除)を益金不算入とする旨の規定が設けられた。1950(昭和25)年の法人税法の改正では、シャウプ勧告や商法改正の影響を受けて、「企業会計原則」上の原則・基準のいくつかを導入することになった。

2. 確定決算基準の始まりとシャウプ勧告

法人税の課税所得の計算には、企業会計上の決算を基礎にする方式と、企業会計から切り離して必ずしも企業会計上の計算法には拘束されない方式がある[7]。前者のように課税所得の計算を企業会計上の「確定した決算」を基準にする仕組みは、確定決算基準または確定決算主義(以下確定決算基準)と言われている[8]。わが国では、法人税を納める義務のある法人は事業年度終了日の翌日から2カ月以内に「確定した決算」に基づいて確定申告書を提出しなければならない(法人税法第74条第1項)として、確定決算基準を採用している。なお、株式会社の決算は取締役が計算書類を定時株主総会に提出し承認を得たときに確定するので(商法283条第1項)、課税所得は、このよう

な商法上の決算に基づいて計算されることになる[9]。

　法人税法第 74 条第 1 項の立法経緯は次の通りである。現行法のように申告納税制度が採られ、確定申告書の提出を法人に課したのは、1947（昭和22）年の税制改正からである。当時は法人税法第 18 条により定められていた。その後、1950（昭和 25）年の改正において、概算申告制度の廃止、確定申告書の提出期限の延長制度の創設等による整備を図るため、法人税法第 18 条は全面的に改正された。さらに 1965（昭和 40）年にその全文が改正され、現行法人税法第 74 条第 1 項となった。

　このような確定決算に基づく決算報告書によるすべての法人を対象とした申告納税制度の始まりは、シャウプ勧告に見られる。シャウプ勧告では、正確な帳簿によって記録された決算報告書による申告納税制度がとられ、その決算報告書は決算期終了後 2 カ月以内に提出されることが求められた。

　シャウプ勧告では、法人税を課せられない法人の数が比較的多かったことが報告されている[10]。総司令部経済科学局調査計画課の調査によると 1949（昭和 24）年 6 月 30 日において日本の法規に基づいて設立されている法人の数および種類は次の通りであった。

　当時の法人の数は 620,163 社であった。そのうち、法人税を納めている法人は約半数で、312,357 社であった（図表 2-1 参照）。残りは税金を納めない非課税法人 10,563 社と特別法人 297,243 社であった（図表 2-1 参照）。税金を納めている法人の種類は株式会社、株式合資会社、合資会社、合名会社、有限会社、相互会社であり、非課税法人は財団法人、社団法人、特別法人に区別された（図表 2-2 参照）。

　非課税法人の多くは民法第 34 条の規定によって非課税となるべきことが認められていた。同規定は宗教的行事、宗教、慈善、科学技術、その他公益目的に関する社団および財団法人を主務大臣の許可を得て設立できることを認めていた。このような状況についてシャウプ勧告は次のように述べている。「非課税法人の問題は国税たる法人税だけの問題ではなく、これを遥かに超える問題である。免税というものは、すべて、それが国の段階であろうと、または都道府県、市町村の段階であろうと、あまりにもたやすく濫

図表 2-1　シャウプ勧告における法人の数と構成比率

法人の種類	法人数（社）	構成比率
課税法人	312,357	50.37%
非課税法人	10,563	1.70%
特別法人（基本的に非課税）	297,243	47.93%
合計	620,163	100.00%

出所："Report on Japanese Taxation By the Shoup Mission" Volume Ⅰ, 1949, p.114. より作成。

図表 2-2　シャウプ勧告における法人の種類と数（単位：社）[11]

普通又は課税法人	株式会社	159,280	非課税法人	財団法人	5,776	但し、特別法人・非課税のうち、協同組合として25%の税率の他に超過所得税が課税されるものとして報告のあったもの約49,000。
	株式合資会社	92		社団法人	4,787	
	合資会社	82,880				
	合名会社	25,455		特別法人	297,243	
	有限会社	44,624				
	相互会社	26				

出所："Report on Japanese Taxation By the Shoup Mission" Volume Ⅰ, 1949, p.114. より作成。

用されまたは好ましからざる差別待遇を惹起することとなる。従って消費税、財産税およびその他の国税並びに地方税の現行のすべての免税は直ちに検討されるべきであって、濫用または差別待遇がある場合はこれを廃止すべきである[12]」。

　以上のようにして、シャウプ勧告では非課税法人の数が多いことを問題とし、法人間での差別的待遇を排除しようとした。また、当時、法人税法第18条では宗教法人および労働組合の収益事業に関して申告し、その利益については納税しなければならないと規定していた。しかし、非課税法人を含むあらゆる法人が毎年その一切の収入および支出を網羅する申告書を提出し、その適用範囲を拡張すべきであるとシャウプ勧告は主張している。さらに、法人税法第18条は非課税法人を除くすべての法人はその事業報告を6カ月ごとに提出しなければならないことになっていたが、シャウプ勧告では法人のすべてが12カ月分を総合した最終申告を行うことを勧告し、決算期終了後2カ月以内に提出しなければならないとした。

　こうして正確な帳簿によって作成された決算報告書における納税申告制度

が始まる。

第2節 商法優位の会計制度

1. 企業会計原則の性格と商法優位

企業会計原則の性格について、その前文で以下の三点が述べられている。

「一、企業会計原則は、企業会計の実務の中に慣習として発達したもののなかから、一般に公正妥当と認められたところを要約したものであって、必ずしも法令によって強制されないでも、すべての企業がその会計を処理するに当たって従わなければならない基準である。
　二、企業会計原則は、公認会計士が、公認会計士法及び証券取引法に基づき財務諸表の監査をなす場合において従わなければならない基準となる。
　三、企業会計原則は、将来において、商法、税法、物価統制令等の企業会計に関係ある諸法令が制定改廃される場合に尊重されなければならないものである」

第一の文章では、企業会計原則の実施を強制する「法令」が存在していない場合にも、企業会計原則は当然に認められることを示している。また、「法令」と企業会計原則を明白に区別している[13]。

第二の文章では、企業会計原則と証券取引法[14]の間に存する関係は、証券取引法第193条の2によって定められている公認会計士または監査法人の行う財務諸表監査に際し、企業会計原則が監査における当否判定の基準となるという形をとっていることが示されている[15]。しかし、証券取引法は、財務諸表の作成に当たり企業会計原則によらなければならない旨を何ら具体的には定めていないため、証券取引法における会計諸基準としての企業会計

原則の法制化は、きわめて間接的な方法によっているという特色を持っている[16]。また、財務諸表監査の具体的内容を定めている監査基準も「一般に公正妥当と認められる企業会計の基準」であることを定めるのみで、直接的に企業会計原則には言及しない形をとっている[17]。

　第三の文章では、企業会計原則は企業会計に関係をもつ法令、例えば、商法、税法、物価統制令などの制定や改廃にあたり「尊重」されるべきことが述べられている[18]。

　前文を構成する3つの文章だけに即して考えてみると、企業会計原則は、第一番目の文章で明らかにしているような性格を持っている以上、企業会計原則を支えている「一般に認められる会計の諸基準」という概念ではなく、むしろ、企業会計原則における個々の主張の正当性を「尊重」すべきものと解釈されていた。言いかえれば、企業会計原則に示されている会計諸基準は正当なものであるため、各法令にとり入れられるべきであり、もし、諸法令の企業会計に関する部分の内容が、これらの基準に反していれば、企業会計原則に沿って改正されるべきことが提唱されたものと解釈することができる[19]。

　このような考え方によると、企業会計原則の主張そのものが尊重されるべきであると解釈されても、諸法令が企業会計に関係を持っている以上、それらの法令には、企業会計に関する「法的規制」がすでに存在しており、また、それらの規制を支える一定の「考え方」あるいは「体系」が存在していた[20]。商法だけに限って述べるならば、企業会計原則が発表された1949（昭和24）年当時、商法における企業会計諸規定が存在しており、それを支える一定の考え方が存在していたのである[21]。したがって、企業会計原則における個々の主張を計算規定として、商法にとり入れさせるためには、企業会計原則を制定した調査会もしくは審査会の側で、計算規定について、問題となる個所を指摘し、計算規定を通じて存在する考え方との対応の中で、企業会計原則の側から修正提案を行ってゆく必要があった[22]。「法令」である商法の計算規定の方が優位に立っていたのである。

　課税所得の計算については、1952（昭和27）年6月16日の経済安定本部

企業会計基準審議会中間報告「税制と企業会計原則との調整に関する意見書」で次のように述べられていた。「税制上または税務上の理由により、企業の実際の純利益と実際の課税所得との間に不一致を生ずる事実を無視し得ないとしても、公正妥当な会計原則に従って算定される企業の純利益は課税所得の基礎をなすものであり、税法上における企業の所得の概念は、この意味における企業の利益から誘導されたものであることを認めなければならない[23]」。しかし、ここでも「公正妥当な会計原則」は明示されていない。

2. 1962（昭和37）年商法改正における損益法の採用

　1962（昭和37）年の商法改正の最も大きな特徴は、従来の商法がとっていた財産方式に対し損益方式を導入していることである。1962（昭和37）年商法改正がなされる前、1960（昭和35）年8月に「株式会社の計算の内容に関する商法改正要綱・法務省民事局試案及び理由書」が発表された。この内容は、決算評価については、基本的には損益法の立場から、原価主義により、要件によっては原価より低くなった時価によるという原則をとることによって、それまでにおける固定財産は原価以下主義、その他は時価以下主義という財産法による態勢を改めようとしていた。こうして、1962（昭和37）年改正商法が4月1日から施行された。株式会社の貸借対照表および財産目録に付すべき価格については、流動資産（商法第285ノ2）、固定資産（商法第285ノ3）、金銭債権（商法第285ノ4）、社債その他の債券（商法第285ノ5）、株式その他の出資（商法第285ノ6）、のれん（商法第285ノ7）の規定が整備された。繰延資産に計上することができるものとして、開業準備費（商法第286ノ2）、試験研究費および開発費（商法第286ノ3）、社債発行費（商法第286ノ5）の規定が追加され、引当金（商法第287ノ2）の規定が新設された。

　以上のことから、1962（昭和37）年の商法改正で、貸借対照表に記載される各種資産の価額に関する規定に取得原価主義が採用され、期間損益計算を前提とする引当金や繰延資産に関する規定がとり入れられて、間接的な形で、企業会計原則の法制化が図られた。しかし、完全な一元化をみるまでに

は至らず、商法と証券取引法の二元的な会計・監査制度が併存していた[24]。

企業会計原則が監査における当否判定の基準となるべき旨をその前文で示しているが、証券取引法は、この法律による財務諸表の作成に当たり企業会計原則によらなければならない旨を何ら具体的には定めていない。したがって、実質的には商法上の計算規定に基づいて、証券取引法上の会計処理が行われていた[25]。証券取引法に基づいて作成される貸借対照表、損益計算書などの金額は、商法会計との表示上の相違による部分を除いて、すべて当該会社の商法に基づく計算書類上の各金額と同一となる。

3. 1965（昭和40）年法人税法改正と「確定した決算」の意義

1965（昭和40）年法人税法改正で法人税を納める義務のある法人は事業年度終了日の翌日から2カ月以内に「確定した決算」に基づいて確定申告書を提出しなければならないという規定が法人税法第18条から法人税法第74条へ移行した。この法人税法改正において出された「改正法人税法等の施行に伴う法人税の取り扱いについて」においても「確定した決算」について、次のように述べられている。

「第三　所得金額の計算の通則関係
（企業利益と課税所得との関係に関する基本原則）
10　法人は、各事業年度ごとに、税務署長に対し、確定した決算に基づき所定の事項を記載した申告書を提出しなければならないが、この『確定した決算に基づく申告』とは、次のことを表明したものであることに留意する。
（1）法人税の申告は、その決算に基づく計算書類につき株主総会の承認、総社員の同意その他の手続きよる承認を得た後、その承認を受けた決算にかかる利益の計算に基づいて税法の規定により所得の金額の計算を行い、その所得の金額および当該利益の計算と当該所得の計算との差異を申告書において表現するものであるこ

と。
　　　　　（以下略）」

　「確定した決算」とは、株主総会等で承認決議のあった決算をいうと解釈して差し支えない[26]。

　1965（昭和40）年法人税法改正と同時期の1966（昭和41）年10月17日に大蔵省企業会計審議会中間報告「税制と企業会計との調整に関する意見書」において、課税所得の計算について、次のように述べられた。「税法が課税所得の計算に当たり基本的に企業の自主的経理を尊重すべきことの主張を基調としている。このような主張は、企業が商法その他の法令の計算規定を遵守し、健全な会計慣行によって経理を行うことを前提としていることはいうまでもない[27]」。課税所得計算で依拠すべき会計が健全な会計慣行とされ、ここでもその内容が明示されていない。

第3節　1974（昭和49）年の監査一元化とトライアングル体制の確立

1. 1967（昭和42）年における法人税法第22条第4項の公正処理基準の設定

　商法と証券取引法の二元的な会計・監査制度が併存している状況の中で、法人税法は、1967（昭和42）年に、益金と損金に算入される金額は「別段の定め」がない限りは、「一般に公正妥当と認められる会計処理の基準に従って計算されるものとする」という条項を設けた（法人税法第22条第4項）。法人税法第22条第4項の規定は、課税所得の基礎となる収益、原価、費用、損失に関する計算を健全な会計処理に委ねることによって税制を簡素化することにねらいがあった[28]が、この規定の趣旨は、単なる税制の簡素化に止まるものではなかった[29]。改正の趣旨は税制調査会の答申に見られる。「課税所得は、本来、税法・通達という一連の個別の体系のみによって構成されるものではなく、税法以前の概念や原理を前提として、いわなければならな

い。絶えず流動する社会経済事象を反映する課税所得については、税法独自の規制が加えられるべき分野が存在することも当然であるが、税法において完結的にこれを規制するよりも、適切に運用されている会計慣行にゆだねることの方がより適当と思われる部分が相当多い[30]」と述べられていた。適切に運用されている会計慣行に課税所得の計算をゆだねることが適切とし、法人税法第22条第4項が設けられた。

2. 1974（昭和49）年の監査一元化と商法第32条第2項の公正なる会計慣行の斟酌規定

1974（昭和49）年の商法改正は監査制度の改正を中心とするものであった。この監査制度の改正は、1965（昭和40）年の不況における企業の倒産、経営破綻の中で大型粉飾決算事件が多発したことから、株式会社の公表会計制度に対する社会的信頼を回復させるためになされた改正であった[31]。粉飾決算への社会的批判が拡大する中、これまで、「逆粉飾」には甘い判断を行っていた公認会計士も、監査の姿勢を正さざるを得ない状況に陥り、商法上の決算書が監査役の監査を通過し、株主総会で適法と承認された後に、証券取引法監査において不適正意見あるいは限定付適正意見がつけられるケースが続出するようになった。大企業が逆粉飾をしているという事実は、企業の決算に対する社会一般の信頼を確保することができないばかりか、大企業の支配体制への社会的批判を増大させることになったのである。そこで、この矛盾を解決するために、商法改正により公認会計士監査を商法上の制度として導入し、監査役監査と公認会計士監査とを一元化し、2つの異なった監査報告書が公表されることのないようにしようとしたのである。この監査制度の一元化を実質的に完成させるためには、監査にあたっての基準となる商法の計算規定と企業会計原則との調整をはかって決算書を一本化することが必要になる。その結果、1969（昭和44）年に「企業会計原則」修正案が作成され、1974（昭和49）年の商法改正では、商法の中に「企業会計原則」を包括的に導入する条項が設けられることになる[32]。それは商法第32条第2項の「商業帳簿の作成に関する規定の解釈に付いては公正なる会計慣行を斟酌すべ

し」である。この公正なる会計慣行が媒介となって、「企業会計原則」が商法の計算規定の実質的な内容を構成することになった[33]。

3. トライアングル体制の確立

　トライアングル体制と呼ばれる日本の企業会計制度の法規制の成立過程を簡単にまとめると次の通りである。1949（昭和24）年に企業会計原則が設定される。そして同年のシャウプ勧告で、正確な帳簿によって記録された報告書による申告納税制度がとられ、近代会計の重要性が指摘される。1967（昭和42）年に、法人税法第22条第4項において、益金と損金に算入される金額は「別段の定め」がない限りは、「一般に公正妥当と認められる会計処理の基準に従って計算されるものとする」という条項が設けられた。そして、1974（昭和49）年商法改正により、商法と証券取引法による会計・監査が一元化され、その結果、商法第32条第2項に公正なる会計慣行を斟酌すべき規定が創設され、この公正なる会計慣行が媒介となって、企業会計原則が商法の計算規定の実質的な内容を構成することになった。

　日本の企業会計制度は1991（平成3）年6月にブラッセルで開催された主要国の会計基準設定機関会議で、新井清光と白鳥庄之助により、「わが国の会計の法律的および概念的フレームワークについての報告[34]」の中でトライアングル体制として報告された。その報告の中では、商法を中心としたトライアングル体制についての歴史的経緯が述べられている。要点をまとめると次の通りである。

- 日本の企業会計の基本法は1899年にドイツ等の影響を受けて施行された商法であること。
- 第2次大戦後、アメリカから学び企業会計原則を設定し、商法も法人税法もこの企業会計原則の考え方を広く受け入れたこと。
- しかしながら、日本の会計制度の骨組は、戦前と基本的に変わらず、商法が中心であったこと。

- 法人税法は 1947（昭和 22）年改正以来、商法の計算規定に従って算定された利益に基づいて計算すべきことを明確にしたこと。

また、トライアングル体制が堅持されているもう一つの理由として、会計の目的に関する基礎概念として次の3つがあげられている。

① 企業経営者による受託責任の遂行状況を明らかにすること。
② 企業の処分可能利益（株主に対する分配可能利益及び企業に対する課税所得）の計算を行うこと。
③ 株主その他の投資者に対して投資意思決定情報を提供すること。

わが国では、相対的にみて、商法が①と②を、証券取引法が①と③を、法人税法が②をそれぞれ重視していると言え、日本の企業は、圧倒的に②の処分可能利益の計算を非常に重要視していると指摘している[35]。また、証券市場における個人株主の比率が比較的低いために、③の投資意思決定情報の提供という会計目的は、会計基準の形成上未だ十分な評価が与えられていないと指摘している[36]。

こうして日本の企業会計制度は、主として商法、証券取引法及び法人税法の3つの法令によって形づくられた。このような企業会計制度の法律的及び概念的フレームワークは、英米や国際会計基準委員会のものとは全く異なっていた。

第2章小括

本章では、企業会計原則が商法や証券取引法及び法人税法にどのような影響を与えていくのかを、企業会計原則の設定からトライアングル体制の確立までの歴史的経緯を追って概観してきた。企業会計原則の設定は戦後の税制の基礎となるシャウプ勧告と密接な関係をもっていた。さらに、企業会

計原則は法律ではないが関係諸法令との関係において尊重されるべきものであったため、商法や税法の規定の中で法制化されなければならなかった。その結果次のような経緯でトライアングル体制が確立するのである。1949（昭和24）年に企業会計原則が設定され、同年のシャウプ勧告で、正確な帳簿によって記録された決算報告書による申告納税制度がとられる。1967（昭和42）年に、法人税法第22条第4項において、益金と損金に算入される金額は「別段の定め」がない限りは、「一般に公正妥当と認められる会計処理の基準に従って計算されるものとする」という条項が設けられ、1974（昭和49）年商法改正により、商法第32条第2項に公正なる会計慣行を斟酌すべき規定が創設される。こうして、企業会計原則が商法の計算規定の実質的な内容を構成し、さらに商法の計算規定によって作成された決算報告書によって課税所得の算定の基礎が与えられることになったのである。日本の企業会計制度は、目的がそれぞれ異なる商法、証券取引法及び法人税法の3つの法令によって形づくられた。

注

1 日本公認会計士協会25年史編纂委員会『会計監査史料』日本公認会計士協会、1977年、188頁。
2 嶋和重『戦後日本の会計制度形成と展開』同文舘出版、2007年、58〜59頁。
3 黒沢清「企業会計制度の基盤――わが国会計法制の30年」『企業会計』vol.30、no.12、16〜18頁。
4 嶋和重、前掲書、60頁。
5 黒沢清監修、富岡幸雄編著『税務会計体系1　税務会計原理』ぎょうせい、1984年、44頁。
6 同上書、44頁。
7 浦野晴夫『会計原則と確定決算基準主義』森山書店、1996年、63頁。
8 同上書、63頁。
9 同上書、63頁。
10 "Report on Japanese Taxation By the Shoup Mission" Volume I, 1949, p.114.
11 集計においては、法人の解散は、考慮されていない。このうち一部の法人は1949年6月30日以前に解散したものもあるが解散の届出をなさなかったもの

と考えられる。*Ibid.*, 1949, p.114.
12 *Ibid.*, p.115.
13 江村稔『企業会計と商法〔第 5 版〕』中央経済社、1980 年、77 頁。
14 現在の金融商品取引法。
15 江村稔、同上書、77 頁。
16 同上書、77 頁。
17 同上書、77 〜 78 頁。
18 同上書、79 頁。
19 同上書、79 〜 80 頁。
20 同上書、80 頁。
21 同上書、80 頁。
22 同上書、80 頁。
23 経済安定本部企業会計基準審議会中間報告「税制と企業会計原則との調整に関する意見書（小委員会報告）」1952 年 6 月、総論第一租税目的のための会計原則の適用。
24 野中郁江『現代会計制度の構図』大月書店、2005 年、28 頁。
25 新井清光『企業会計原則の形成と展開』中央経済社、1989 年、26 頁。
26 松嶋隆弘・松嶋康尚「株主総会決議の瑕疵と申告の効力に関する一考察」『日本法学』第 66 巻第 3 号、2000 年 9 月、596 〜 599 頁。
27 大蔵省企業会計審議会中間報告「税制と企業会計との調整に関する意見書」1966 年 10 月、税法と企業会計との調整に関する意見書について四。
28 山本守之『体系法人税法』税務経理協会、2014 年、204 頁。
29 同上書、204 頁。
30 税制調査会「税制簡素化についての第一次答申」1966 年 12 月、43 〜 44 頁。
31 角瀬保雄『経済民主主義と企業会計』税務経理協会、1978 年、75 頁。
32 同上書、75 〜 76 頁。
33 同上書、76 頁。
34 新井清光・白鳥庄之助「日本における会計の法律的及び概念的フレームワーク」『JICPA ジャーナル』No.435 Oct、1991 年 10 月、28 〜 33 頁。
35 同上論文、30 頁。
36 同上論文、30 頁。

第3章

会計制度の国際化

はじめに

　本章では、財務会計基準審議会や国際会計基準委員会の創設に伴い会計基準の国際的調和化の議論がなされる状況を背景にして、日本の基準に影響を与えた調和化の議論や国際会計基準を意識した新会計基準の設定について検討する。さらに新会計基準の法人税法上の対応について概観し、その結果、トライアングル体制と呼ばれた日本の企業会計制度の変化を検討する。

第1節　調和化の始まりと会計目的の変化

1. 調和化の始まりと1984（昭和59）年の引当金概念の拡大

　1972（昭和47）年にアメリカの会計基準設定主体はAICPAの会計手続委員会（Committee on Accounting Procedure：CAP）および会計原則審議会から財務会計基準審議会（Financial Accounting Standards Bord、以下FASB）へ移った。そして、1973（昭和48）年に国際会計基準委員会（International Accounting Standards Committee、以下IASC）が、会計士の国際的会議や組織において会計

基準の国際的調和化が必要であるとの議論の高まりから設立された。

　日本では国際的調和化をきっかけの一つとして、引当金概念を拡大させる企業会計原則の修正が行われた。1982（昭和57）年に企業会計原則注解18が修正され、企業会計原則は負債性引当金として認めていなかった偶発損失に備える引当金を会計上の引当金として積極的に位置づけた。つまり、「発生の可能性の高い」偶発損失引当金の計上を制度的に認めることとなった。

　偶発損失ないし偶発事象にかかわる費用・支出または損失に備える引当金を負債性引当金に含めるよう拡大した要請は、国際的な動向に対応するものであった[1]。アメリカではFASBが1975（昭和50）年3月に財務会計基準書（FAS）第5号「偶発事象の会計処理」を公表した。IASCはFASBの規定を受けて1987（昭和62）年10月に国際会計基準（以下IAS）第10号「偶発事象および後発事象」を公表した。前者のFASB第5号は、偶発事象（偶発利得および偶発損失）を次のように定義している。「将来において一つ以上の事態が発生し、あるいは発生しないことにより究極的には判明するが、企業にとって利得の発生する可能性、または損失の発生する可能性が不確実の状態、状況もしくは環境が存在すること[2]」。偶発損失が存在するときは「将来発生する事実が資産の喪失、損失または負債の発生をもたらす[3]」として、その発生の程度を①可能性が大きい、②可能性が合理的である、③可能性がほとんどないの三つに分け、将来事実の発生する可能性が大きく、金額を合理的に見積もることができる場合、引当金を計上すべきことを要求している[4]。後者のIAS第10号は偶発事象を次のように定義している。「ある状態又は状況であって、その最終的な結末としての利得または損失が、不確定な将来事象の発生または不発生のみによって確認されるもの[5]」。会計処理としては、「①関連する回収可能性を考慮に入れた上でもなお、貸借対照表日現在における資産の損傷や価値減少あるいは負債の発生が将来の事象によって確認される可能性がかなり大きく、かつ②結果として生ずる損失の合理的見積額が決定できる場合、損益計算書に計上しなければならない（以上27項）[6]」とし、「第27項の項目の条件のいずれかを満たさない場合には、損失の発生の可能性の小さいときを除いて、偶発損失の存在を財務諸表に開

示しなければならない[7]」とされた。このようにして、偶発損失の計上を強制し、その要件を満たさない偶発損失については開示を求めていた。

偶発損失ないし偶発事象にかかわる費用・支出または損失に備える引当金は、利益留保性のものである。しかし、企業会計原則は従来区別していた評価性引当金、負債性引当金および偶発損失ないし偶発事象にかかわる費用・支出又は損失に備える引当金の会計的性格は同一であるとして、これらを一体的にとらえ、引当金規定を一本化した。

2. 資産負債アプローチの登場と会計目的の変化

FASB は、会計基準の公共的性格という要請を背景として、一貫した会計の枠組みの提示を開始し、1978（昭和53）年の第1号「営利企業の財務報告の目的」に始まる財務会計概念書（以下 SFAC）を公表した。FASB の概念フレームワークでは、SFAC 第6号「財務諸表の構成要素」において、資産・負債アプローチによる資産と負債の定義を行っている。すなわち「資産とは、過去の取引または事象の結果として、特定の実体により取得または支配されている、発生の可能性の高い将来の経済的便益である[8]」。また「負債とは、過去の取引または事象の結果として、特定の実体が、他の実体に対して、将来、資産を譲渡しまたは用役を提供しなければならない現在の債務から生じる、発生の可能性の高い将来の経済的便益の犠牲である[9]」。財務諸表の目的は、経済的意思決定に有用な情報を提供することであるとされ、その主たる利用者は投資者と債権者であり、これらの利用者の多くは潜在的な利用者とされた。

「意思決定有用性アプローチ」を最初に提起したのは、アメリカ会計学会の『基礎的会計理論』（以下 ASOBAT）である。ASOBAT は、会計を「情報利用者が事情に精通して判断や意思決定を行うことができるように、経済的情報を識別し、測定し、認識するプロセスである[10]」と定義づけた。さらに、有用な会計情報を評価する規準として、①目的適合性、②検証可能性、③不偏性、④量的表現可能性の4つの情報の質的特徴をはじめて明示した。

こうしたASOBATの提起を受けて、1970（昭和45）年公表のAPBステートメント第4号「企業の財務諸表の基礎をなしている基本概念および会計原則」は財務情報を有用なものにするために7つの質的特徴[11]を示し、会計情報の質的な規準の考え方は、FASB概念報告書第2号「会計情報の質的特徴」に引き継がれ、IASC概念フレームワークに組み込まれている。

1989（平成元）年にIASC概念フレームワーク「財務諸表の作成及び表示に関するフレームワーク」(Framework for the Preparation and Presentation of Financial Statements) が公表された。「序文」において、この概念フレームワークの意図が述べられている。1つは、IASCが各国の会計基準の差異を狭めることを責務とし、それによって会計基準の国際的な調和化 (harmonization) を目指すということである[12]。2つ目は、そうした調和化は、経済的意思決定に有用な情報を提供する財務諸表の作成を目指すことで達成されるということである[13]。3つ目は、取得原価会計および名目資本維持概念を当面変更することはしないということであった。

財務諸表の目的は、広範な利用者の経済的意思決定に有用な情報を提供することとしている[14]。広範な利用者としてあげられているのは、投資者、従業員、貸付者、仕入先及びその他の取引業者、得意先及び監督官庁、一般大衆であり、その情報要求が具体的に示されている[15]。

財務諸表の質的特徴は4つ挙げられており、①理解可能性、②目的適合性、③信頼性、④比較可能性である。財務諸表の構成要素も資産・負債アプローチにより次のように定義している。「資産とは、過去の事象の結果として、企業が支配し、かつ将来の経済的便益が当該企業に流入すると期待される資源をいう[16]」。「資産は、それからの経済的便益が将来の企業に流入する可能性がかなり高く、かつ信頼性をもって測定することができる原価または価値を有する時、貸借対照表に認識される[17]」。「負債とは、過去の事象から発生した企業の現在の義務であり、これを履行するためには経済的便益を有する資源が当該企業から流出すると予想されるものをいう[18]」。「負債は、現在の義務を履行することによって経済的便益を有する資源が企業から流出する可能性がかなり高く、かつ支払われる金額が信頼性をもって測定され

る時、貸借対照表に認識される[19]」。このように資産と負債を認識することによって、収益と費用を次のように認識する。「収益には、狭義の収益と利得の両方が含まれる[20]」。「収益は、資産の増加または負債の減少によって将来の経済的便益の増加が生じ、かつそれを信頼性をもって測定することができる時、損益計算書に認識される[21]」。「要するに収益は、資産の増加または負債の減少と同時に認識されることを意味する[22]」。「費用は、資産の減少または負債の増加によって将来の経済的便益の減少が生じ、かつそれが信頼性をもって測定することができる時、損益計算書に認識される。要するに費用は、負債の増加または資産の減少と同時に認識されることを意味する[23]」。

　こうした状況の中、日本では、先に述べた1991（平成3）年6月にブラッセルで開催された主要国の会計基準設定機関会議で、新井清光と白鳥庄之助が日本の企業会計制度をトライアングル体制と報告しつつ、日本における会計基準の国際的調和問題について意見を述べている。第一に、国家間の差異を認識することが最初の着実な第一歩であることである[24]。会計基準の国際的調和という大きな問題を達成するには、各国の会計基準の同一性を求め、それを増やすことが必要であるとしている[25]。第二に、基準設定作業は、非常に多くの時間とエネルギーを必要とすることであり、ドラスティックな会計基準を設定し、急激に変更することは、経済界に混乱が生ずるおそれがあるとしている[26]。第三に、理論と実務との調和が国際的調和化のために必要であり、国際会計基準は合理的にしてかつ実行可能なものであるべきであると述べた[27]。

　日本での会計の主な目的として、①受託責任遂行目的、②処分可能利益算定目的、③投資意思決定情報の提供目的の3つが上げられており、日本の企業は、圧倒的に②の処分可能利益の計算を非常に重要視していると指摘した[28]。しかし、今後において、グローバル経済の国際的な見地から、資本市場における十分な開示の重要性について指摘しており、③の投資意思決定情報の提供目的の重要性が国際的調和化において必要であるという認識が述べられていた[29]。

第2節 新会計基準の性質
―― 企業会計原則との矛盾・法人税制との乖離

　国際的調和化をベースにした新会計基準の設定により、会計制度の国際化が始まった。それとともに企業会計原則の意義は徐々に失われ、新会計基準の中には法人税制と大きく乖離する部分が出てくる。その結果、トライアングル体制に変化が見られる。

　国際動向によれば、会計基準は政府の機関ではなく民間団体が設定すべきであるとして、企業会計基準委員会が2001年に設立され、「企業会計基準第○号」という名称で新しい会計基準を設定し、公表している状況にある。

　本節では、1998（平成10）年に設定された「退職給付に係る会計基準」と、1999（平成11）年に設定された「金融商品に係る会計基準」における売買目的有価証券の評価規定と、2002年に設定された「固定資産の減損に係る会計基準」について検討する。特に1998（平成10）年と1999（平成11）年に法人税制の大改正があったことから、それぞれの基準に対する法人税制上の対応も併せて検討する。

1. 退職給与引当金と退職給付に係る会計基準

　「企業会計原則注解18」と「企業会計上の個別問題に関する意見・退職給与引当金の設定について」によると、退職給与に係る費用は退職給与引当金として算定するように規定されている。これに対応して法人税法第55条により退職給与に係る引当金を期末要支給額に基づいて損金算入することが可能であった。しかし、「退職給付引当金に係る会計基準」が1998（平成10）年に設定されると、退職給付費用の算定は国際会計基準を基礎にした予測単位積増方式により算定されることになった。これは見積もりの要素を多分に含むものであるため、法人税法上では退職給付費用を損金算入する規定は新設されず、加えて2002年に法人税法第55条自体も廃止された。この改正によって退職給付費用を損金算入できなくなり、課税ベースの拡大につなが

る改正となった。退職給付引当金と退職給与引当金の違いと法人税法上の対応についての詳細を以下で検討する。

（１）退職給与引当金の企業会計上の取扱い

　退職給与引当金とは、企業が労働協約などに基づいて、従業員に対して退職金を支払うことを約束している場合、各会計年度末に、従業員が退職するとすれば支払わなければならない退職金額を見積もり、これを負債として認識するとともに、当期の負担に属する債務額を費用として計上するための貸方勘定である[30]。

　退職金の性格は「企業会計上の個別問題に関する意見第二」の「退職給与引当金の設定について」によると、①賃金後払説、②功績報奨説、③生活保障説の三つがある。日本における退職金は、労働協約などに基づいて従業員が提供した労働の対価として支払われるものと解釈されているところから、退職金は賃金の後払いの性格をもっているものと考えられた。しかし同時に、長期勤続者の相対的優遇の支給倍率がとられていることなどから、勤続に対する功績報奨および老後の生活保障の性格を併せもつものと見られると説明されている（意見書の一）。したがって、退職金の性格に関する意見書の立場は、退職金をもって賃金後払の性格を持つことを基本とし、これに、功績報奨・生活保障の性格をもミックスしたものとみる考え方を採用している[31]。

　退職金の性格を意見書に従って、賃金後払の性格を主体とし、これに功績報奨・生活保障の性格を併せもつものとするならば、この退職金は、従業員の提供した労働の対価およびこれに付帯する支出としてその会計的性格は広義の労務費（費用）であると考えることが妥当である[32]。

　意見書は、退職給与引当金繰入額の算定方式として、①将来支給額予測方式、②期末要支給額計上方式、③将来支給額予測方式に基づく現価方式、④期末要支給額計上方式を基礎とした現価方式（法人税法の設定方法を含む）の４つの方法を並列的に掲げ、そのいずれによっても合理的なものとしてこれを容認する態度を表明している。

日本企業における退職給与引当金の設定方法は、ほとんど法人税法の規定する方法によっているが、この方法は、期末要支給額計上方式に現価方式を結合した方法と同様であった[33]。

(2) 退職給与引当金の税務上の取扱い

　法人税法における退職給与引当金の規定も、他の引当金と比べて著しく厳格である。それは法人税法の累積限度額であり、これが長い間期末の自己都合退職金支給額の合計額の50％とされてきたが1980（昭和55）年の税制改正で40％になり、1998（平成10）年の税制改正で20％になった。

　退職給与引当金の設定基準については、①貸倒引当金のような形式基準ではなく、当該企業における「従業員の自己都合退職要支給額」という実際の基準によっていること、②当期の設定額（繰入額）は、原則として自己都合退職金要支給額の当期増加額によるとしていること、③退職給与引当金の期末残高は、期末退職金要支給額の40％（昭和55年税制改正）という形式基準による制限があるという3点が税法による設定基準の特徴である[34]。

　法人で退職給与規定を定めているものは、その使用人の退職により支給する退職給与に充てるため、各事業年度において繰入限度額の範囲内で損金経理により退職給与引当金への繰入をすることができる（法人税法55条）。繰入限度額は次のうち最も低い方の金額（労働協約で退職給与規定を定めている場合）となる（法人税法施行令106条）。

　　（イ）期末の退職給与要支給額－前期末の同要支給額
　　（ロ）期末の退職給与要支給額×40％－前期繰越の退職給与引当金
　　（ハ）期末従業員の給与総額×6％

　日本企業による退職給付は大別して2つあり、退職一時金と企業年金である。両者は税制上の取扱が異なっていた。退職一時金の場合、期末要支給額の20％（1998〔平成10〕年税制改正）までしか損金算入することができない。それに対して企業年金の場合、原則として企業が拠出した掛け金の全額を損

金算入することが認められている。つまり、企業年金（適格退職年金制度）をとることで法人税支出を抑えることができた[35]。

実務上は、法人税法上の損金算入限度額となった期末要支給額の40％を引き当てる企業が多く、1984（昭和59）年の調査によると、調査対象法人企業（525社）のうち約53％（278社）が期末要支給額の40％を退職給付引当金として引き当てていた[36]。

(3) 退職給付に係る会計基準

1998（平成10）年6月16日に、日本の企業会計審議会から「退職給付に係る会計基準の設定に関する意見書」（以下「意見書」）が公表された。その後、1999（平成11）年1月19日には、退職給付会計に関する実務指針の土台となる「退職給付会計に係る実務指針に関する論点整理」が、公認会計士協会から公開草案として公表された。

「意見書」の内容は、IAS19号[37]を意識して作成されたことがうかがわれ、基本的に改訂IAS19号の処理基準に則った部分が多く、国際的にも通用する内容を目指している[38]。以下において、「意見書」及び「退職給付会計に係る実務指針に関する論点整理」と改訂IAS19号による退職給付会計について概観する。その会計処理は、アメリカの財務会計基準第87号や改訂IAS19号「従業員給付」を意識して作成されたと考えられる[39]。改訂IAS19号の目的は、従業員給付に関する会計及び開示を規定することにあり、企業が次のものを認識することを要求している。従業員が将来支払われる従業員給付と交換に勤務を提供した時の負債、及び企業が従業員給付と交換に従業員が提供した勤務により生じた経済的便益を費消する時の費用である。

退職給付会計は、年金負債と年金資産を比べて不足分を「退職給付引当金」（改訂IAS19号では「給付建負債」）として貸借対照表の負債の部に計上し、年金負債の当期増加分を「退職給付費用」（改訂IAS19号では「退職後給付費用」）として損益計算書に計上する会計である[40]。年金負債の測定は、①退職時の退職給付見込額を見積もり、②その退職給付見込額を各勤務期間に配分

したうえで発生済みの見込み額を確定し、③発生した見込額を現在価値に割り引いて年金負債額として算定する、というステップで行われる[41]。退職時の「退職給付見込額」は、死亡率、退職率、昇給率などの基礎率を用いる保険数理計算[42]によって見積もられる。昇給率は現在の給与水準を用いる方式と将来の給与水準を用いる予測単位積増方式があるが、国際会計基準も日本基準も予測単位積増方式によっている[43]。年金資産の測定は、企業外に積み立てられた年金資産を期末における公正な評価額で時価評価することによって行われる。改訂IAS19号では、年金資産（制度資産と呼ばれる）について、「市場価格 (market price) を入手できない時には、……割引率を使用して、将来の予測キャッシュ・フローを割り引くことによって制度資産の公正価値 (fair value) を見積もる[44]」とされている。また、この割引率について、「優良社債の市場利回りを参照して決定しなければならない。そのような社債について十分な市場がない国では、国債の市場利回りを使用しなければならない[45]」としている。年金負債から年金資産を控除することで算定される不足分が「退職給付引当金」であり、貸借対照表の負債の部に計上される。厳密にいえば、年金負債も年金資産も見積もりによって算定されるため、市場の変動によって数理計算上の基礎率や割引率の見直しが必要となる場合がある。見直しによって差異が出た場合は、即時ではなく徐々に損益として認識していくことから、未認識の項目は年金負債から控除して「退職給付引当金」を算定しなければならない。

　こうした仕組みについては、国際会計基準も日本基準も同一のものとなっている。これは資産負債アプローチに則った考え方に依拠していると考えられ、従来の退職給与引当金の設定よりも見積もりの要素が多くなった。

（4）退職給付引当金の税務上の取扱い

　退職給与引当金の法人税法上の規定（法人税法55条）は、2002（平成14）年7月に交付された法人税法等の一部を改正する法律により廃止された。その廃止の理由は、連結納税制度の創設に伴う、財源確保という狙いが背後に横たわっていた[46]。さらに、退職給付引当金は見積もりの要素が多いため、

退職給付引当金に対応する法人税法上の規定は創設されず、退職給付費用は損金算入されない。退職一時金と退職年金の取扱が一本化され、両者ともに退職給付費用は損金算入されないこととなった。

　2002（平成14）年法人税法改正は、引当金を損金算入できる項目の大幅削減となった。税務上認められてきた6種の引当金（貸倒引当金、賞与引当金、退職給与引当金、特別修繕引当金、製品保証等引当金、返品調整引当金）のうち「返品調整引当金」を除き、5つの種類の引当金が1998（平成10）年の税制改正において廃止ないし縮減された。賞与引当金、特別修繕引当金、製品保証引当金は1998（平成10）年改正で廃止され、貸倒引当金、退職給与引当金は同年改正で縮減された。そして、2002（平成14）年改正で退職給与引当金が廃止され、2011（平成23）年改正で貸倒引当金が廃止された。

2. 企業会計原則と金融商品に係る会計基準における有価証券の評価

　「企業会計原則」上の売買目的有価証券の評価規定は、原則取得原価であり一部低価法が認められていた。同様に1999（平成11）年税制改正前の法人税法上の売買目的有価証券（上場有価証券）の評価規定は原則原価基準であり、容認として低価基準が認められていた。1999（平成11）年に「金融商品に係る会計基準」が設定されると、売買目的有価証券の評価は原則時価評価となり、法人税法上の売買目的有価証券（上場有価証券）の規定も「金融商品に係る会計基準」に合わせて有価証券の区分を変更し、さらに売買目的有価証券の評価を時価評価に変更するに至った。売買目的有価証券に原則時価評価の規定が導入され、評価益を益金算入する機会が増加し、課税ベースの拡大につながる改正であった。金融商品に係る会計基準における売買目的有価証券の評価規定をめぐって法人税制上の対応と併せて、詳細を以下で検討する。

（1）企業会計原則における有価証券の評価
　企業会計原則は、有価証券の評価について次のように指示している（貸借対照表原則五B）。

①有価証券については、原則として購入対価に手数料等の付随費用を加算し、これに平均原価法等の方法を適用して算定した取得原価をもって貸借対照表価額とする。
②ただし、取引所の相場のある有価証券については、時価が著しく下落したときは、回復する見込があると認められる場合を除き、時価をもって貸借対照表価額としなければならない（強制評価減）。
③取引所の相場のない株式については、当該会社の財政状態を反映する株式に実質価額（1株あたり純資産額のこと）が著しく低下したときは、相当の減額をしなければならない（強制評価減）。
④取引所の相場のある有価証券で子会社の株式以外のものの貸借対照表価額は、時価が取得原価より下落した場合には時価による方法を適用して算定することができる（低価法の容認）。

このように、企業会計原則は、原則として取得原価による評価を指示している。とくに取引所相場の有無という点から、取引所相場のある有価証券については、時価の下落が著しくかつ回復の見込がある場合以外は、評価減を強制し、さらに子会社株式を除いて、低価法の適用を容認している。一方、取引所の相場のない株式については、実質価額が下落した場合に、相当の減額を行うこと要求しているのである。

企業会計原則における有価証券の評価原則を図示すると、図表3-1のようになる。

（2）有価証券評価損の法人税法上の取扱い（1999〔平成11〕年税制改正前）

1999（平成11）年税制改正前は、有価証券は資産であり、法人税法は、資産の評価について、取得原価主義を原則とし、評価益を益金の額に含めることも、評価損を損金の額に含めることもしていなかった。法人がその確定した決算で資産の帳簿価額を増額して評価益を計上した場合であっても、税法上は、その帳簿価額の増額がなかったものとみなされた（法人税法25条1項）。

図表3-1　企業会計原則における有価証券の評価原則

有価証券	取引所の相場のある有価証券	子会社株式以外の有価証券	原則として取得原価評価
			時価下落が著しく回復の見込みのある場合を除き、時価評価強制（強制評価減）
			低価法容認
		子会社株式	原則として取得原価評価
			時価下落が著しく回復見込みのある場合を除き、時価評価強制（強制評価減）
			低価法不可
	取引所の相場のない有価証券	株式	原則として取得原価評価
			実質価額の著しい低下の時、相当の減額強制（強制評価減）
		社債	原則として取得原価評価
			強制評価減の指示特になし

　また、資産の評価損は、税法上原則として認めず、法人がこれを行った場合には損金に算入せず、評価替えにより減額された帳簿価額については、その減額がなかったものとみなすことになっていた（法人税法33条1項）。しかし、法人の有する資産につき、災害による著しい損傷その他特別の事実が生じた事によって、当該資産の時価が帳簿価額を下回ることとなった場合には、評価損の計上を認めるものとしていた（法人税法33条2項）。

　有価証券について評価損が計上できる事実として示されたのは次の通りである（法人税法施行令68条1項2号）。

①上場株式などについて、その価額が著しく低下した場合。
②その他の有価証券については、その発行会社の資産状態が著しく悪化したため、その価額が著しく下落したこと（企業支配株式もこれに該当すれば評価損を計上できる）。
③更正手続開始の決定または会社整理開始の決定により、有価証券について評価替する必要が生じた場合。
④その他②または③に準ずる特別な事実。
⑤低価法に基づく評価損。

図表 3-2 有価証券の区分と評価方法

1999（平成 11）年の税制改正前	
有価証券の区分	有価証券の評価方法
上場有価証券（企業支配株を除く）	原価法または低価法
非上場有価証券および企業支配株*	原価法

注：*企業支配株式とは、株式会社の特殊関係株主等が、その株式会社の発行済株式数の総数の 100 分の 25 以上を有する場合における当該特殊関係株主等の有するその株式会社の株式をいう（法人税法施行令 34 条 3 項、1999〔平成 11〕年削除）。
法人税法上、低価法の時価は再調達原価を採用している（法人税法基本通達 6-3-5）。

　上場有価証券（企業支配株式を除く）は原価法または低価法であり、非上場有価証券および企業支配株式は原価法である。有価証券の区分と評価方法は図表 3-2 の通りである。

（3）金融商品に係る会計基準における有価証券の評価
　期末に保有する有価証券の評価基準は、従来、原価基準が原則とされてきた。しかし、2000（平成12）年 4 月 1 日以降に開始する事業年度からは、「金融商品に係る会計基準」に準拠して図表 3-3 のような会計処理が行われるようになった。
　売買目的有価証券は時価の変動により利益を得ることを目的として保有する有価証券である。どの企業にとっても時価に等しい価値を有しており、事業にまったく影響を及ぼすことなく、いつでも市場で換金することができる[47]ので、時価をもって貸借対照表価額とし、評価差額は当期の損益として処理する。
　満期保有目的の債権は、満期まで所有する意図をもって保有する社債その他の債権をいう。途中で時価が変動しても企業は売却しないので時価を反映させる必要がない[48]ため、取得原価をもって貸借対照表価額とする。
　子会社株式と関連会社株式は、親会社がこれらの企業を支配する目的で保有するため、たとえ市場価額があっても自由に処分するわけにはいかない。従って、これらの株式は、外形上は金融資産であっても、実質的な性質は事業用資産と考えるべきであるため、取得原価で評価する。

図表3-3 期末に保有する有価証券の評価基準と会計処理

有価証券の種類		期末の評価基準	評価差額の取扱	時価や実質価額の著しい下落による強制評価減
売買目的有価証券（時価変動から利益獲得を目的に保有する市場性のある有価証券）		時価	損益計算書に計上して、当期純利益の計算に含める	（強制以前に損失計上）
満期保有目的の債権（満期まで所有する意図で保有する社債等の債権）		取得原価または償却原価	取得原価での評価からは評価差額は生じない。償却原価法の適用で生じた増額・減額分は、損益計算書に計上して純利益の計算に含める	市場性のあるもの→時価まで評価減 市場性のないもの→債券以外は実質価額まで評価減 債券は債権と同様に貸倒引当金を設定
子会社株式・関連会社株式		取得原価		
その他有価証券	上記以外で市場性のない有価証券	取得原価または償却原価		
	上記以外の有価証券で市場性のあるもの	時価	①資本の部に計上②差益を資本の部に計上し差損は損失に計上する	時価まで評価減

出所：桜井久勝『財務会計講義〔第5版〕』中央経済社、2004年2月、99頁を参考にして作成した。

　その他有価証券は、売買目的や満期保有目的の有価証券、および子会社や関連会社の株式のいずれにも該当しない有価証券である。これらの有価証券には市場価格があるものとないものが含まれる。市場価格のない有価証券は取得原価で評価する。ただし持ち合い株式が典型的にそうであるように、事業遂行上、換金には制約があり、実際に売却されることは稀である。従って売却までは、時価変動による評価差額を損益計算書に含めることなく、貸借対照表の資本の部に他の剰余金とは区別して「その他有価証券評価差額金」という項目名で資本直入する。この資本直入の方法には2通り認められている。ⅰ銘柄別の評価差益と評価差損を相殺した残額を貸借対照表の資本の部に計上する方法（全部資本直入法）、ⅱ評価差益は資本の部に計上するが、評価差損は当期の損失として損益計算書での純利益の計算に含める方法（部分資本直入法）である。後者ⅱは保守主義を根拠とするものである。

　売買目的有価証券以外の有価証券については、強制評価減により評価損が計上されることがある。①市場価格のある有価証券の時価が著しく下落し、回復する見込があると認められる場合以外、および②市場価格のない株式について、発行会社の財政状態の悪化により実質価額が著しく低下した場合である。これらの場合は、貸借対照表価額をそれぞれ時価および実質価額ま

で引き下げて、評価差額を当期の損失として処理しなければならない。

(4) 有価証券評価損益の税務上の取扱い（1999〔平成11〕年税制改正後）

　有価証券については、時価評価の規定が税務上も取り入れられるようになり、2000（平成12）年に低価法の適用は廃止された。廃止の理由は、税制調査会・法人課税小委員会報告によると、時価が下落した有価証券については時価で評価し、時価が上昇した有価証券については、取得原価で評価するというのは保守的にすぎ、適正な課税所得計算を歪めるおそれがあるため、低価法は廃止することが適当であるという[49]。

　1999（平成11）年の税制改正により、税務上有価証券は売買目的有価証券、満期保有目的等有価証券又はその他有価証券に区分される（法人税法施行令119条の2第2号、同法119条の12、法人税法施行規則27条の2、同法27条の5）。

　有価証券の時価評価損益については、売買目的有価証券と売買目的以外の有価証券で取り扱いが異なる。売買目的有価証券の期末評価額は、時価法により評価した金額をもって、事業年度終了時における評価額とする（法人税法61条の3第1項1号）。また、売買目的外有価証券の期末評価額は、原価法により評価した金額をもって、事業年度終了の時における評価額とする（法人税法61条の3第1項2号）。時価法とは、事業年度終了時において有する有価証券を銘柄の異なるごとに区別し、その銘柄と同様の有価証券について、次に掲げる有価証券の区分に応じ、それぞれ次に定める価格にその有価証券の数を乗じて算出した金額をそのときの評価額とする方法をいう（法人税法61条の3第1項1号、法人税法施行令119条の13）。法人が、事業年度終了の時において売買目的有価証券を有する場合には、その売買目的有価証券のその時における評価損益の金額は、その事業年度の所得金額の計算上、益金の額又は損金の額に算入することになる（法人税法61条の3第2項）。事業年度の益金の額又は損金の額に算入した評価益又は評価損に相当する金額は、翌事業年度の所得金額の計算上、損金の額又は益金の額に算入する。また、翌事業年度開始時におけるその売買目的有価証券の帳簿価格は、その評価益に相当する金額を減算し、またはその評価損に相当する金額を加算した金額とし、洗替

図表3-4　法人税法上の有価証券の区分と期末評価

有価証券の区分		期末評価
売買目的有価証券		時価法
売買目的外有価証券	満期保有目的等有価証券	原価法 償却原価法
	その他有価証券	原価法

計算を行うこととなる（法人税法施行令119条の15第1項3項）。

　売買目的外有価証券は原価法で評価される（法人税法61条の3Ⅰ第2項）が、原価法とは、事業年度終了の時において有する有価証券についてその時における帳簿価格（償還有価証券については、償却原価法を適用した後の金額）でその時の評価額とする方法をいう（法人税法61条の3第1項2号）。

　企業会計においては、その他有価証券につき部分資本直入法を選択することができるが、その方法によれば、評価差損が損失として処理され、低価法を採用したことと同様の結果がもたらされるので、法人税法では、2002（平成14）年改正で低価法が廃止されたこととの関連で、この部分資本直入法は認められていない。

　法人税法上の有価証券の区分と期末評価をまとめると図表3-4の通りである。

　金融商品に係る会計基準が導入されるとともに、税務上も時価評価を受け入れた。有価証券の区分も変化し、売買目的有価証券については、時価評価を企業会計上も税務上も認めた。しかし、以下の点では、企業会計上と税務上で異なった処理をしている。

　企業会計上、その他有価証券については部分資本直入法を認め、評価損が計上される場合があるが、税務上はその他有価証券についての評価損の損金算入を否認している。

　税務会計が時価評価を受け入れた事で、会計基準の変更を尊重したと言える。但し、この法人税制改正は、課税ベースの拡大につながるものである。

3. 固定資産の減損に係る会計基準の減損損失

　2002（平成14）年に「固定資産の減損に係る会計基準」が設定された。キャッシュ・フローを生み出す事業用の資産や資産グループの収益性が低下して、投資額の回収が見込めなくなった時に減損損失が計上されることとなった。減損損失の計算にも見積もりの要素が多分に含まれることになり、法人税法上、減損損失を損金算入する規定は新設されなかった。減損損失は法人税法上損金算入されておらず、課税ベースの縮小とはならなかった。

　日本における減損会計導入の背景には、「不動産をはじめ事業用資産の価格や収益性が著しく低下している昨今の状況では、それらの帳簿価額が価値を過大に表示したまま、将来に損失を繰り延べている状況は少なくない。その疑念が、財務諸表への社会的な信頼をそこねているという指摘もある。投資者にとって有用な情報を提供する上で、固定資産の評価は避けて通れない問題になっている[50]」という認識が横たわっていた。

　法人税法上、固定資産についての評価損の計上は、一定の事由が生じた場合を除き、その資産が災害により著しく損傷したことや会社更生法等による更生手続開始の決定があったことにより評価替えをする必要が生じたこと等であり、限定的なものである（法人税法第33条、同法施行令第68条）。

　さらに、減損会計では、資産グループ（事業）ごとに回収可能価額を求める一方で、法人税法上は個々の資産に資産の価額を求めることになっていることなど、評価損の金額の算出方法も両者で異なる場合が多いため、減損損失を税務上評価損として損金の額に算入することは実務上困難な場合が多いものと考えられた[51]。したがって、法人の有する土地・建物等の固定資産について、一定の事実が生じた場合には評価損の損金算入が認められる（法人税法施行令68条1項3号）が、減損会計に対応する法人税法上の規定はない。

　ただし、法人税基本通達7-5-1（償却費として損金経理をした金額の意義）が改正された。

　以下の通りである。

> （5）減価償却資産について計上した除却損又は評価損の金額のうち損金の額に算入されなかった金額
> （注）評価損の金額には、法人が計上した減損損失の金額も含まれることに留意する。

　法人税法上、減価償却費として損金の額に算入する金額は「償却費として損金経理した金額」のうち税法上の償却限度額に達するまでの金額とされている（法人税法第31条第1項）。「償却費」以外の科目により減価償却資産について費用化したものでも、法人税法基本通達7-5-1において例示されている費用は、法人税法上も償却費として損金経理したものとみなして取扱うこととされている。

　従来の取り扱いでは、減損会計による減損損失のうち、法人税法上上記において評価損として損金の額に算入できない金額については、償却費として損金経理したものとはみなされなかった。しかし、今回の法人税基本通達7-5-1の改正において、減損損失で損金の額に算入されなかった金額を「減価償却資産につき計上した評価損の金額のうち損金の額に算入されなかった金額」と同様に取扱うことが明確にされた。これにより、減損損失を償却費として損金経理したものとして取扱うことになったため、税務上損金算入が否認された減損損失についても、毎期法人税法上の償却限度額の範囲内で損金の額に算入されることになる。

　法人税法上は減損損失を「損金に算入されなかった評価損」と同様の扱いとした。減損損失の損金算入は、法人税法上の償却限度額に達するまでの範囲に限定されるため、課税ベースの縮小とはならなかった。

第3章小括

　本章では、FASBやIASCの創設に伴い会計基準の国際的調和化の議論がなされる状況を背景にして、日本の基準に影響を与えた調和化の議論や国際会計基準を意識した新会計基準の設定について概観してきた。日本で国際的調和化を目指して、偶発損失ないし偶発事象にかかわる費用・支出または損

失に備える引当金を積極的に会計上の引当金として位置付けた。その後も国際的調和化をベースにした新会計基準の設定が続くこととなる。会計基準の国際的調和化の背景には、証券市場のグローバル化があり、FASB や IASB では資産負債アプローチにより財務諸表の構成要素が定義され、その目的には投資意思決定に有用な情報を提供することが重要視された。

　取得原価主義をとる企業会計原則を商法や税法の規定の中で法制化してきた日本の企業会計制度に、新たに資産負債アプローチを基礎にした新会計基準が加わったことから、トライアングル体制と呼ばれた日本の企業会計制度に変化が見られるようになる。法人税法は、新会計基準である退職給付引当金の見積もりの要素が多いことを理由にしてほどんどの引当金を廃止し、退職給付引当金に係る規定を新設しなかった。さらに、新会計基準の減損会計に係る会計基準で算定された減損損失においても、法人税法は減損損失を損金算入できる規定を新設しなかった。金融商品に係る会計基準設定の影響により、法人税法もそれを取り入れたが、売買目的有価証券の評価につき、その評価益が益金算入されるため、課税ベースの拡大につながる法人税法改正となった。

　以上のように法人税法は、必ずしもすべての新会計基準を受け入れようとはしなかった。取得原価主義をとる企業会計原則と資産負債アプローチをとる新会計基準とに矛盾が生じ、企業会計制度と法人税制にも乖離が生じてきたのである。

注

1　遠藤孝『引当金会計制度の展開』森山書店、1998 年、109 頁。
2　Financial Accounting Standards Board, *Statement Financial Accounting Standard No.5*, Accounting for Contingencies, introduction, 1.
3　*Ibid.*, introduction, 1.
4　*Ibid.*, introduction, 3.
5　IASC, *IAS10 Contingencies and Events Occurring After the Balance Sheet Date*, October 1978, paragraph 3.

6 *Ibid.*, paragraph 27.
7 *Ibid.*, paragraph 28.
8 平松一夫・広瀬義州訳『FASB 財務会計の諸概念〔増補版〕』中央経済社、2002 年、297 頁。
9 同上書、301 頁。
10 American Accounting Association, Committee to Prepare, "*A Statement of Basic Accounting Theory*"（ASOBAT）, 1966, p.1. 飯野利夫訳『アメリカ会計学会　基礎的会計理論』国元書房、1969 年、2 頁。
11 ①目的適合性、②理解可能性、③検証可能性、④中立性、⑤適時性、⑥比較可能性、⑦完全性。
12 International Accounting Standards Committee Foundation, *The IASB Framework*, 2001 April, introduction. 国際会計基準審議会『国際財務報告基準 2007』レクシスネクシス・ジャパン、38 頁。
13 *Ibid.*, introduction. 同上書、38 頁。
14 *Ibid.*, paragraph 12. 同上書、41 頁。
15 *Ibid.*, paragraph 9. 同上書、40 〜 41 頁。
16 *Ibid.*, paragraph 49(a). 同上書、48 頁。
17 *Ibid.*, paragraph 89. 同上書、54 頁。
18 *Ibid.*, paragraph 49(b). 同上書、48 頁。
19 *Ibid.*, paragraph 91. 同上書、54 〜 56 頁。
20 *Ibid.*, paragraph 70. 同上書、51 頁。
21 *Ibid.*, paragraph 92. 同上書、55 頁。
22 *Ibid.*, paragraph 92. 同上書、55 頁。
23 *Ibid.*, paragraph 94. 同上書、55 頁。
24 新井清光・白鳥庄之助「日本における会計の法律的及び概念的フレームワーク」『JICPA ジャーナル』No.435 Oct、1991 年、31 頁。
25 同上論文、31 頁。
26 同上論文、31 頁。
27 同上論文、31 頁。
28 同上論文、30 頁。
29 同上論文、30 頁。
30 新井清光『現代会計学』中央経済社、1998 年、117 頁。
31 細田末吉『改正商法による引当金会計の実務』中央経済社、1983 年、84 頁。
32 同上書、84 頁。
33 企業会計審議会「企業会計上の個別問題に関する意見」退職給与引当金の設定について、注 2。
34 細田末吉、前掲書、91 頁。

35 伊藤邦雄・徳賀芳弘・中野誠『年金会計とストックオプション』中央経済社、2004年、7頁。
36 武田隆二編著『営業報告書・計算書類の総合分析と事例』中央経済社、1984年、1030〜1031頁。
37 IASC, *IAS 19 Employee Benefits*, February, 1998.
38 （株）大和総研『IAS退職給付会計　IAS第19号「従業員給付」全訳と解説』中央経済社、1999年、46頁。
39 同上書、102頁。
40 谷江武士「3章年金会計」小栗崇資・熊谷重勝・陣内良昭・村井秀樹編『国際会計基準を考える――変わる会計と経済』大月書店、2003年、104頁。
41 同上書、105頁。
42 保険数理計算とは、保険の設定に関して生まれた計算方法であり、将来の退職率や死亡率などを見積もって給付見込額を計算することをいう。
43 IASC, IAS 19 Employee Benefits, February, 1998, paragraph 50.
44 *Ibid.*, paragraph 102.
45 *Ibid.*, paragraph 78.
46 政府税制調査会「法人課税小委員会報告」第2章12. (3) 連結納税、1996年11月、内閣府税制調査会ホームページ（http://www.kantei.go.jp/jp/zeicho-up/1217honbun5p.html）。
47 桜井久勝『財務会計講義〔第8版〕』中央経済社、2007年、102頁。
48 桜井久勝、同上書、103頁。
49 政府税制調査会「法人課税小委員会報告」第2章3. (2) 有価証券の評価、1996年11月、内閣府税制調査会ホームページ（http://www.kantei.go.jp/jp/zeicho-up/1217honbun3p.html）。
50 辻山栄子『逐条解説減損会計基準』中央経済社、2004年、7〜8頁、企業会計審議会「固定資産の減損に係る会計基準の設定に関する意見書」二会計基準の整備の必要性。
51 中央青山監査法人「News Letter」April 2004。

第2部
課税の公平と会計制度

第4章

課税原則と課税の公平

はじめに

　本章では、課税の公平の概念についての成立過程と、米国法人所得税法の基礎となった包括的所得概念を概観し、日本の法人税法における公平の概念について考察する。

第1節　所得概念の類型

　課税の公平の概念は近代国家の成立とともに生成する。しかし、課税の公平には多様な考え方があり、さらに課税対象となる所得にも多様な考え方がある。本節では、課税原則や所得概念について金子宏の整理[1]を参考にして概観する。

1. 利益説と能力説

　租税を国民から徴収するには、理論的な根拠が必要となる。税の徴収は、どのように誰が負担するかという租税負担の配分の基準と結びつく。税負担

を国民の間でどう配分すべきか、ということは、租税制度の最も基本的な問題の一つであるとされる[2]。公平な配分によって租税負担を実現しなければならないが、公平な配分であるかについては、論争がある。

公平な配分の論拠は、大きく分けて、利益説（benefit theory, Interessentheorie）と能力説（ability-to-pay theory, Leistungsfähigkeitstheorie）の二つの見解がある[3]。

利益説は、「租税をもって国民が国家から受ける利益の対価と見る考え方で、国民は国家から受ける利益に比例して租税を納付すべきことを主張する[4]」。すなわち利益説をとれば、租税は国家から受ける利益、公共サービスに対する対価となり、受ける公共サービスに応じて租税を負担するということになる。しかし、租税負担の論理を考える場合、利益説が多くの不明確さと欠陥をもっていると金子は指摘する[5]。それは、「第一に、国家は元来、私的交換経済の内部では提供されえないサービスを提供することを目的としているのであって、それらの活動の利益は社会全体について生じ、個人個人についてその利益を測定し計量化することはそもそも不可能であるからである[6]」。「第二に特定の事業なり階層なりを補助することを目的とする支出、たとえば生活保護とか教育扶助のような社会政策的支出については、その受益者と受益の額を特定することは容易であるが、この場合に『受ける利益に応じた課税』について語ることは、それ自体矛盾である[7]」。利益説は、享受するサービスに応じて租税を負担するものであるとしても、享受するサービスを各個人ごとに計るのは困難であり、利益説をとったとしても負担配分の基準は、結局、負担能力に求めることになる。

次に能力説について概観する。この場合の能力とは「経済的負担能力ないし担税力（ability to pay, Leistungsfähigkeit）のことで、通俗的には各人の富裕度（economic wellbeing）ないし全体的生活水準（over-all level of living）を意味する[8]」。したがってこの理論は、「税負担が各人の担税力に応じて公平に配分されるべきこと、換言すれば、同じ担税力をもつ者は同額の租税を納付すべく、より大きな担税力をもつ者はより多くの租税を納付すべきことを主張する[9]」。19世紀に入り、資本主義がさらに発達すると、貧富の格差や深刻な貧困問題が拡大し、自由な市場や私的財産権に対して、国家が一定の制約

を加える必要性が生じてきた[10]。国家がそれらを規制するには、国民に対して強制的に課税して徴収する必要があった。強制的に課税をするには、租税を義務として国民が平等に負担するべきものとした[11]。能力説は、租税を国民にとっての義務とし、負担能力に応じた徴収を求めたのである。

2. 処分型と発生型

　所得の意義を考える時、その構成の仕方には二つの類型がある[12]。その第一は「処分型」(disposition type) の所得概念と呼ばれるものであり、納税者の各年度の利得のうち、効用ないし満足の源泉である財貨やサービスの購入に充てられる部分のみを所得と観念し、蓄積（貯蓄・投資）に向けられる部分は所得の範囲から除外するものである[13]。この場合、各年度の所得は、消費の総額となる。しかし、この考え方は、「所得という通常の用例に著しく反すること、蓄積に向けられる部分を除外して消費に向けられる部分のみに所得税を課することは著しく公平の観念に反すること[14]」の理由から受け入れられないとされる。

　そこで、「発生型」(accrual type) の所得概念が中心に考えられ、これによると「所得とは一定期間の間に納税者に生ずる経済的利得 (gain) である[15]」とされている。所得を消費の総額のみと見る場合は「処分型」に属し、所得を一定期間に発生した経済的利得とした場合は「発生型」と見ることができる。

3. 制限的所得概念と包括的所得概念

　「発生型」の所得概念をとる場合でも、「原資の維持 (preservation-of-source) の基準の他に、さらに何らかの基準を加えることによって所得概念をせまく構成する見解と、原資の維持に加えてさらに所得の範囲をせばめることなく、いわば所得概念を包括的に構成する見解とがある[16]」。

　所得の範囲をせまくとらえる場合は、制限的所得概念とされる。制限的所

得概念は、所得の範囲から除外される項目についてはかなり顕著な共通性が見られ、相続・贈与・遺贈等による利得、くじの当たり、賭博利得等の一時的・偶発的・恩恵的利得は、所得の範囲から除外されているのである[17]。営業としてなされる場合を除く資産の譲渡による利益（キャピタルゲイン）も所得の範囲から除かれている[18]。

　所得の範囲を広くとらえる場合は、包括的所得概念とされる。包括的所得概念を、体系的な形で最初に表現したのは、ゲオルク・フォン・シャンツ（Georg von Schanz）であった。シャンツは、所得を「一定期間の資産の純増」（Reinvermögenszuwachstheorie eines bestimmten Zeitabschnitts）と定義した[19]。

第2節 能力説の始まり

　今日まで望ましい税制についての議論が重ねられてきた。その理論には大別して、利益説と能力説の二つの潮流があることを前節で確認した。ここでは、イギリスにおいて議論された能力説について概観する。

　イギリスでは1600年代の市民革命を通じて、市民としての自覚が国民の間に徐々にめばえ、市民（の利害を中心とする）社会が形成され始める。1622年にウイリアム・ペティが『租税貢納論』を著し、著書の中では、租税は公共から受ける利益に応じて、すなわち、個人の資産または現実に享受している富に応じて課税すべきと言うように説かれている[20]。課税原則を一部は利益説に、一部は能力説に求めたと言われている[21]。商業資本主義から産業資本主義への転換とともに、1700年代終わり頃から1800年代前半にかけて産業革命がおこり、1800年代中期から自由放任主義へ入っていく。1776年にイギリスでアダム・スミス（Adam Smith）が、『諸国民の富（wealth of nations）』を著し、租税4原則を唱えた。アダム・スミスの租税4原則のうちの公平の原則では、「すべての国の臣民は、できるだけ各人の能力に比例して、すなわち、各人がそれぞれその国家の保護のもとで享受する収入に比例して、政府を支えるために拠出すべきである[22]」とされる。アダム・ス

ミスの4原則では利益説でありながらも能力説を含んだものであった。ジョン・スチュワートミルもスミスの租税4原則を挙げ、①公平の原則について再検討し、「課税の公平」は、「犠牲の公平」（equality of sacrifice）を意味するものでなければならないとした[23]。こうして能力説が確立していく。

　ジョン・スチュアート・ミルが生きたのは、19世紀のイギリス社会であった。この時期の西欧社会は急激な変容過程にあった。一つは1789年から1815年までのフランス革命である。フランス革命は、市民が望むならばその社会制度を十分に変えることができるということを指示するものとして意義があった。イギリスでは産業革命がおこり、1832年の選挙法改正法案の通過を転機として、1833年に「奴隷使用廃止法案」が議会を通過し、工場法の新たな制定により子供・少年の労働条件が改善され、1835年には市自治体法が制定される等して、保守主義の時代が去って明確に自由主義の時代に入った[24]。

　ジョン・スチュアートミルは、「課税の公平」は、「犠牲の公平」（equality of sacrifice）を意味するものでなければならないとした[25]。この「犠牲の平等」は、地主・商工業者・労働者といった何かの階級利害に依拠するものではなく、「分配的正義」を基準にするものであった。ミルの平等犠牲説は次のように説明されている。「政府は、もろもろの人あるいは階級の政府に対する要請の強さについて、これらの人あるいは階級のあいだに差別をたててはならないものであるが、それと同じように政府が彼らに対して要求する犠牲はすべて、できるかぎり、すべての人々に対して同一の負担を与えるようにしなければならない。……したがって、課税の平等ということは、政府の格言としては犠牲の公平を意味する[26]」。政府が要求する「犠牲」はそれぞれの人あるいは階級に対して同一の「負担」で要求されることが平等を意味するとしたのである。ミルは平等犠牲説を正義の原則と考え、能力説をとっている。「すべての人が利害関係を有するある目的のために自発的な拠金をするという場合に、各人がその資力に応じて拠出するとき、すべての人は、公平にその義務をはたした、すなわち、共同の目的のために平等の犠牲を払ったと考えられるものであるが、これと同じように、強制的貢納の場合に

も、これがその原則とならなければならない[27]」。こうして、ミルの平等犠牲説、つまり課税に伴う各人の犠牲を、何らかの意味で平等にする説は、その実施において、「資力に応じて拠出する」方式をとるのである。

第3節 包括的所得概念とアメリカ法人所得税制

　包括的所得概念は、主にドイツとアメリカで発達してきた。その結果、アメリカでは法人課税に累進課税がなされている。本節では、米国の法人所得税法の基礎となった包括的所得概念について概観する。アメリカでは「包括的所得概念（純資産増加説）」が特に重要にして有用なものとされてきた。純資産増加説は、アメリカのロバート・マレイ・ヘイグ（Robert Murray Haig）やヘンリー・サイモンズ（Henry C. Simons）により主張された個別経済的能力の純増加をもって所得と思考する「所得の純増加概念」に類似する。両者ともに「課税の公平」を第一目的とし、同一の担税力をもつ利得は同様に課税されるとする公平負担の原則に基づき[28]、能力説を採用している。この系統に属するとみられる所説として、前節でも少し述べたが、一定期間内の個人の純資産の純増加部分を所得とする「純資産増加説」（Reinvermögenszuwachstheorie）があり、ドイツのゲオルク・フォン・シャンツ（Georg von Schanz）がその代表的な論者である。

1. ゲオルク・フォン・シャンツの純資産増加説

　所得概念を包括的に構成する試みを、体系的な形で最初に行ったのは、ゲオルク・フォン・シャンツ（Georg von Schanz）であった。シャンツは1892年にファイナンツ・アルヒーフに、「所得概念と所得税法」と題する論文を発表し、純資産増加説（Reinvermögenszuwachstheorie）と呼ばれる考え方を明らかにした[29]。

　シャンツはまず収益（Ertrag）および純収益（Reinertag）の概念を分析した

後、収益と純収益と所得 (Einkommen) との相違を次のように明らかにしている。「ある客体、企業あるいは特定の経済活動にたいする直接的な関係という点では、この収益という表現は傑出した利点を示しているが、所得概念を構成する段になると、事情は一変する。所得概念のばあい、個人の経済力全体が問題になるからである。われわれが知ろうとするのは、ある個人がこの期間内に、自分自身の資産を損なったり外部からの資力（負債）を受け入れたりすることなく、自由に処分しうるどれほどの資力をもっているのか、という問題である[30]」。シャンツによれば、各人の担税力に応じて租税を負担すべきであるという思想が支配している限り、租税制度にとっても所得概念が必要とされることを述べている。シャンツはこのような見地から特に所得の範囲をせまく限定する学説がいずれも間違った主張であることを指摘し、所得を広くとらえようとする。「営利活動が問題になる限り、粗収益、純収益、純利益といった概念は、われわれの必要とするあらゆるものを提供し、客体とかかわりのあるあらゆる現象の評価を十分可能にする。粗収益額、純収益額、純利益額の合計については何の特別な概念も要しないが、われわれはここでもう一つの概念を必要とすることになろう。この概念が示すのは、ある人が自分のそれまでの資産を縮小することなく、自由に処分できるようなかたちで、その人の手元に一定期間内に流れ込んでくるものであって、この概念が所得である[31]」。このような視点からシャンツは、所得を「一定期間の資産の純増」(Reinvermögenszuwachstheorie eines bestimmten Zeitabschnitts) と定義する。この定義の下においては、所得の概念は真に包括的であって、「あらゆる純収益と使用権、貨幣評価の可能な第三者からの給付、あらゆる贈与、相続、遺贈、富くじ賞金、保険金、保険年金、あらゆる種類のキャピタル・ゲインを所得に算入し、ここからあらゆる負債の利子と資産の減少を差し引くのである[32]」。

その後、20世紀初頭の米国における連邦所得税創設に際し、ヘイグはこのシャンツの見解を基本的に受け入れ、さらにサイモンズによって忠実に受け継がれていく[33]。

2. ロバート・マレイ・ヘイグとヘンリー・サイモンズの包括的所得概念

ヘイグ＝サイモンズ概念[34]として著名な包括的所得概念による所得の定義は、所得税を分析するのに際して重要な拠点となっている[35]。

ヘイグによれば、所得の意義を論ずる場合に、どのような観点から所得を見るべきかどうかを模索し、まず「所得とは満足、すなわち無形の心理的経験のフローである[36]」というように極めて抽象的な定義づけをしている。経済学者の間では、所得を「財貨の利用やサービスから得られる効用ないし満足」と観念し、それが真の意味の所得であると考える傾向が強い[37]。これは、十分に理由のある考え方であるが、それらの効用ないし満足を各人につき測定し計量化することは困難であるため、所得税の課税の対象としての所得を問題とする場合には、金銭、すなわち万人に共通な価値の単位で表現されなければならない[38]。そこでヘイグは極めて抽象的で理想的定義づけから出発し、経済学上の分析や課税標準として実務に役立てるために、議論を展開している[39]。その結果、ヘイグはシャンツの純資産増加説を受けて以下のように所得をとらえた。

「所得とは、二時点間における或る者の経済的能力の純増加の金銭的価値である[40]」

Income is the money value of the net accretion to one's economic power between tow points of time.[41]

サイモンズはヘイグの見解をほぼ全面的に踏襲しており、議論に先立ち、次のような基本的な立場を明らかにしていた。「所得は定量的で客観的なものと理解されなければならない。所得は測定可能なものでなければならない。すなわち、所得の定義は現実の測定の手続きを示すもの、あるいは明確に含意するものでなければならない[42]」。つまり、サイモンズは所得の定義に際し、ヘイグの見解に基本的には賛同する一方で、ヘイグの議論が行き着

いたように、所得概念が単に評価の問題に帰着してしまうことを注意深く避けようとする[43]。そのためサイモンズは、「所得概念」は単なる「概念」としてではなく「課税ベース」として、出来る限り不公平さと曖昧さを最小限にするような方法で定義されなければならないと考えたのである[44]。

サイモンズによれば、所得とは「(a) 一定期間の間に個人が何も消費しなかった場合には、その期間の個人の財産権の蓄えの増加の価値。あるいは、(b) 個人の権利の蓄えの価値を変化させることなく消費しうる権利の価値[45]」のいずれかの見積額である。

サイモンズの所得定義では、給料・賃金等の稼得所得、家賃・利子・配当等の資産所得、持家住居者の家賃相当額・妻の家事労働の帰属所得、農家の自家用消費等の現物所得、資産値上がり益のキャピタルゲイン、さらに遺贈、贈与までをも含む極めて包括的なタックスベースとなっていた[46]。

サイモンズは、古典的意味で自由主義であり、思想の系譜はアダム・スミスに求められ、巨大化して硬直化した連邦政府の形態とその機能について鋭く批判した[47]。特に独占経済を烈しく批判し、あまりにも肥大化した法人企業の規模を制限するように主張した。「もしも法人形態が考案されなかったり、または、法人が私的企業に利用されなかったならば、現在のアメリカの暮らし向きはもっと良かったであろうに[48]」と嘆いた。

さらに、サイモンズは自由の促進とともに不平等の是正に深い関心を寄せて、機会均等を次のように強く訴えた。「劇的な累進税へ賛成することは、不平等に対する反対（平等）に基づかなければならない。倫理的判断または美学的判断から、現在の富および所得の分配は明らかに有害であり、好ましくない不平等を示しているという認識に基づかなければならない[49]」。強力に主張した税目は、急激な累進構造をもった所得税であった。

3. アメリカの法人所得税制の概要と総合累進課税の創設

アメリカでは、課税権の主体を基準として、連邦政府が課する租税を連邦税といい、州政府が課する租税を州税、地方公共団体が課する租税を地方

税という[50]。連邦税は、内国税と関税から構成される。連邦税は、内国歳入法典により規定され、日本のように法人税法、所得税法が別の法律体系となっているのとは異なり、関税を除くすべての連邦税を統合している。主たる租税は、所得税、贈与税、遺産税、各種の消費税、雇用税または社会保障税であり、これらのすべてが内国歳入法典において規定されている[51]。

アメリカの税法では、自然人にも法人にも、税法上はそれぞれの所得に対して所得税が課せられている[52]。すなわち所得税には、個人所得に対するものと法人所得に対するものとがあるが、アメリカでは、両者を含めて所得税と呼んでいる。日本やドイツでは、個人所得のみを所得税と呼び、法人所得を法人税と呼ぶのが普通である。その違いは法人税の課税根拠の違いに見られる。「法人企業の独自の担税力に着目して課される租税であるとする説」と「法人企業を個人の集合と見て個人所得税の前取りであるとする説」が対立しているが、アメリカは前者の説に依拠して独立納税主体説を採っている。

アメリカでは以上のような体系による課税制度のもとで総合累進課税が実施されている。総合累進課税の創設は、アメリカ合衆国憲法修正第16条の成立に見られる。

連邦所得税は、1913（大正2）年のアメリカ合衆国憲法修正第16条の成立により、合憲とされた。所得税は、納税主体を基準とすると、個人所得税法、法人所得税法などに分けられる[53]。アメリカは、建国以来、南北戦争時代を例外として、所得税を避け、主として内国消費税と関税からの収入によって歳出を賄ってきた。しかし、19世紀後半における産業革命と未曾有の経済発展の結果、おびただしい富の蓄積と偏在が進行し、消費税の逆進性が高まるにつれて、労働者や農民の間から、公平な税負担の配分のために累進所得税を要求する声が大きくなった[54]。それに促されて、1894（明治27）年にクリーブランド大統領の下で、一種の改革立法として、所得税が採用されたが、これに対して、共産主義的な階級立法であるという類の非難が高まり、1895（明治28）年に、最高裁判所もこの制度は直接税の賦課・徴収につき人口に応じて州の間に配分することを要求している憲法の条項に違反す

るという理由で、これに対して違憲判決を下した[55]。そのため、その後は、所得税の採用を実現するために憲法の修正を求める運動が起こり、その結果、1913（大正2）年に憲法修正第16条として実を結ぶのである[56]。憲法修正第16条は、「連邦議会は、いかなる源泉から生じたものであるかを問わず各州の間に配分することなく、また国勢調査その他の人口算定によることなしに、所得に対して租税を賦課・徴収することができる」と規定して、憲法上の障害を除去した[57]。これを受けて1913（大正2）年の歳入法は、総合累進課税を採用した。所得税は、担税力に応じて課税されるべきであり、税負担の公平を最大限に保障すべきとされた[58]。

4. 総合累進課税と包括的所得概念

　所得税の本質的特徴は累進税と結びついていることにある。累進税率が公平負担の本質的内容であると考えられるようになったのは、犠牲理論によるところが大きいとされている。しかし今日では、犠牲理論によってではなく国家が果たすべき再配分機能と関連させて根拠づけられることが多いとされる[59]。極端な経済的不平等は是正されるべきであり、社会における富の分配状態は種々の要因によって決定される。今日の福祉国家においては、経済民主主義の見地から、その是正のために国家が何らかの役割を果たすことが必要とされる[60]。それには、最低賃金制や独占禁止政策等のさまざまな方法が考えられるが、財政・租税制度による方法は、特定の人々の間だけでなく社会の構成員のすべてに再分配の効果を及ぼすため、最もすぐれた方法であるとされる[61]。

　制限的所得概念は、累進税率の趣旨を没却することになりやすい[62]。担税力のある利得を所得の範囲から除外すれば、その所得について累進税率が適用されない。所得概念を広く構成すると、その所得は、他の所得と合算され、所定の段階税率が適用されるはずのものである。したがって、所得を狭く構成すると公平負担の原則に反し、累進税率のもつ再配分機能を弱めることになる。その意味で、包括的所得概念の方が累進税率の本来の目的に適合

しているといえる[63]。

　今日のように経済が高度・複雑化し、所得の現象形態が多様化すると、公平な税負担の配分のためには包括的な所得概念が必要となる。また、所得税が租税制度の上で大した重要性をもたなかった時代には、所得概念をせまくとらえることによる不公平は表面化しなかったと思われる。しかし、所得税の比重が増大し、その負担が大きくなるほど、その不都合は表面化し、所得概念を広く構成する必要性が強まるのである[64]。

　内国歳入法典によれば、各納税者（自然人と法人）の所得税額は、課税所得により計算される（法1条）。課税所得は、総所得から所得控除等を控除することで算定される（法63条a項）。また、総所得は、法が特に認めた一定の除外項目を除き、あらゆる所得が総所得であると定義づけられている（法61条a項）。これらの規定は、アメリカ合衆国憲法修正第16条と同様に、所得の範囲を限定せず、すべての所得に対して課税する旨を定めている点が注目される。

　所得計算の出発点である「所得」についての明確な定義が、内国歳入法典上には用意されていないが、多くの経済学者によりさまざまな所得概念が提唱されてきた。その中でも所得の範囲を広く捉える包括的所得概念は今日アメリカをはじめとする国際社会で広く所得の基本概念として受け入れられている。

第4節　応能負担原則と日本の法人課税

　日本の法人課税は、累進税率ではなく比例税率が採用されている。法人課税の比例税率はシャウプ勧告による税制改革から始まる。

1. シャウプ勧告と税制改革

　シャウプ勧告に基づく1950（昭和25）年の税制改革によって、所得税法で

は課税ベースの拡大の方向がさらに推進され、総合累進課税を厳格化した。法人税では課税方式が根本的に改められ、比例税率が採用されるなどして税負担が軽減される改正となった。

所得税法は所得を 10 種類に分類した。退職所得・山林所得・譲渡所得の他に一時所得という類型を設けて、一時的・偶発的・恩恵的利得を一般的に課税の対象とし、さらに雑所得という類型を新設して、利子所得ないし一時所得のいずれにも該当しない所得をも課税の対象に加えている。その際、法は「雑所得の意義につき、利子所得ないし一時所得以外の所得をいう」としか規定していないが、それが、利子所得ないし一時所得以外のすべての所得を意味していることは、明らかである。これは、納税義務者の担税力を増加させる利得は原則としてすべて所得として課税の対象とするという考え方を示しており、包括的所得概念を採用したものといえる。さらに、シャウプ税制では所得税において総合累進課税を一層厳格にした。

一方、法人税の課税方式は根本的に改められ、法人については重い課税方式をとるべきでないことが主張されている。シャウプ勧告では法人を次のように定義づけている。「法人は、擬人であり、大抵の場合他の種類の納税者程強い政治的な主張を唱える能力もないのである[65]」。「法人は、与えられた事業を遂行するために作られた個人の集合である[66]」。さらに当時の法人の特徴と法人を取り巻く状況について次のように述べられている。「株主は比較的少数であり、それどころか直接に租税の影響を受けない。従って、日本のみでなく他の多くの国で法人に対して重税が課されている。その法人には経済的根拠や理論らしきものはほとんどない。法人に対する重税は政治的に見ても支配的であるため、単に税務行政のしやすさや、多くの財源確保にすぎない。現行の日本の法人課税について実に驚いた主な点は、法人が合理的な形態と一致していないということではなく、とてもわずかな財源しかもたらしていないということである[67]」。そして、「根本的には法人は、与えられた事業を遂行するために作られた個人の特定の集合体の一種である[68]」と強調され、法人が不当に大きくならないこと、また法人が法令に適当な注意を払いつつ運営されるということが前提とされ、法人に対しては個人よりも重

い課税方式をとるべきでないことが述べられている。

　法人とその他の企業形態との間に、ほとんど完全に区別をなくす税制を立案することも可能であったはずであるが、そうすると複雑な制度になると述べられている[69]。この複雑性が税務行政と納税者の連携が崩れ、その結果として一層大きい不公平が生ずるであろうということが述べられている[70]。そのため、法人と個人企業形態を区別する税制をとることにしたのである。しかし、法人企業と他の企業の間の公平さを考慮し、同時に個人所得税の重大な脱税を防止するために次の三点を提案している[71]。

　　①現在と同様、各法人の純所得に対して35％の税。
　　②個人たる各株主に対しては、その個人所得税に対して①によって課税された法人から受け取る配当の25％相当額の控除（もちろんこのような配当は、その税金の計算の際株主の純所得に含まれることを前提とする）。
　　③1949年7月1日以降開始する事業年度の純益から累積される留保利益合計額について法人に対して毎年1％の利子付加税を課すこと。

　この提案により、法人所得に対する比例税の採用、二重課税の排除の徹底、留保利益に対する利子付加税制度の創設がなされることになる[72]。

2. 応能負担原則と日本国憲法

　能力説は、税負担が各人の担税力に応じて公平に配分され、同じ担税力をもつ者は同額の租税を納付すべく、より大きな担税力をもつ者はより多くの租税を納付すべきことを主張する。これは、応能負担原則の基礎となる概念である。中小法人と大法人を比較すると、大法人の方が負担能力を持つことは明らかである。従って、応能負担原則によると大法人の方が税負担が重くなるはずである。日本の97％は中小法人であり、中小法人のほとんどは、所有と経営が一致し、パーソナルな実態である[73]。そのため、北野弘久の見解によると多くの中小企業は法人格を有するとはいえ日本国憲法上のさま

ざまな人権規定の要請が妥当するという。

ここでは、「租税の法的概念は日本国憲法を基礎にして構成するのが妥当である[74]」という北野弘久の見解に依拠して応能負担原則を概観する。

応能負担原則を憲法から導くには、憲法を次のように解釈することになる。日本国憲法は、明治憲法とは異なり、積極的に人権を擁護することを意図している。憲法はまず、第11条[75]において「国民の基本的人権の享有、基本的人権の永久不可侵性」を確認し、第12条[76]においてこの憲法の保障する「自由および権利の保持責任・濫用禁止・利用責任」を明定している。そして、第13条[77]において「個人の尊重」を強調している。第13条は租税のあり方についても「個人の尊重」を行うことを要請する。第14条[78]の「法の下の平等」は、租税面では画一的比例税的平等ではなく能力に応じた平等を意味し累進税的平等を要請する。第25条[79]は租税面でも「健康で文化的な最低限度の生活」を保障することを要求する。第29条[80]は一定の生存的財産権のみを基本的人権として保障するものであって、非生存権的財産は基本的人権とはされない。このことは租税面にも妥当する。さらに、憲法は、第97条で「基本的人権の本質」を確認して、これをつぎのように明定している。「この憲法が日本国民に保障する基本的人権は、人類の多年にわたる自由獲得の努力の成果であって、これらの権利は、過去幾多の試練に堪へ、現在及び将来の国民に対し、侵すことのできない永久の権利として信託されたものである」。これを受けて、憲法はさまざまな人権規定を整備している。

法人企業のうち多くの中小企業は、所有と経営とが一致し、しかもそのオーナーの生存権の延長線上に憲法理論上位置づけられうる実態をもつためパーソナルな実態である[81]。したがって多くの中小企業は法人格を有するとはいえ日本国憲法上のさまざまな人権規定の要請が妥当するのである。

このように解釈をすれば、日本国憲法では法原則として応能負担原則が抽出される。多くが中小法人であるという日本社会における法人の特殊性から言っても、応能負担原則・累進税の原理の具体化が強く要請されるのである[82]。

第4章小括

　所得概念は、利益説と能力説に大きく分類できる。能力説では、税負担が各人の担税力に応じて公平に配分され、同じ担税力をもつ者は同額の租税を納付すべく、より大きな担税力をもつ者はより多くの租税を納付すべきことを主張する。アメリカでは、能力説を基礎とした包括所得概念を採用し、法人課税についても累進課税が適用されている。しかし、日本ではシャウプ勧告において、法人が不当に大きくならないこと、また法人が法令に適当な注意を払いつつ運営されるということが前提とされ、法人に対しては個人よりも重い課税方式をとるべきでないことが指摘された。そのため、法人課税については比例税率が適用されるようになった。戦後の復興のためには法人に対する課税の軽減についてはやむをえない部分もあったと考えられるが、特に大企業を優遇する税制が現在も多く見られる点については、能力説の観点からすると問題である。

注

1　本書において参考にした金子宏の主な所得概念の研究は次のとおりである。『所得概念の研究 ── 所得概念の基礎理論　上巻』有斐閣、1995年、「租税法における所得概念の構成（一）」『法学協会雑誌』Vol.83、No.9〜10、1966年、1241〜1282頁、「租税法における所得概念の構成（二）」『法学協会雑誌』Vol.85、No.9、1966年、1249〜1267頁、「租税法における所得概念の構成（三）」『法学協会雑誌』Vol.92、No.9、1966年、1081〜1143頁。
2　金子宏「租税法における所得概念の構成（一）」『法学協会雑誌』Vol.83、No.9〜10、1966年、1242頁。
3　同上論文（注2）、1242頁。
4　同上論文（注2）、1242頁。
5　同上論文（注2）、1242頁。
6　同上論文（注2）、1242頁。
7　同上論文（注2）、1243頁。
8　同上論文（注2）、1243頁。

9 同上論文（注2）、1243頁。
10 合田寛『格差社会と大増税――税の本質と負担のあり方を考える』学習の友社、2011年、119～120頁。
11 同上書、119～120頁。
12 金子宏、前掲論文、1254頁。
13 同上論文（注2）、1254頁。
14 同上論文（注2）、1254～1255頁。
15 同上論文（注2）、1255頁。
16 同上論文（注2）、1257頁。
17 同上論文（注2）、1258頁。
18 同上論文（注2）、1262頁。
19 同上論文（注2）、1266頁、金子宏によればゲオルク・フォン・シャンツが次の論文で「純資産増加説」を提唱したと紹介している。Schanz, George von, "Der Einkommensbegriff und die Einkommensteuergesetze", *Finanzarchiv* 13: 1896、篠原章「ゲオルク・シャンツ所得概念と所得税法（一）」『成城大学経済研究』104号、成城大学、1989年3月、52頁。
20 大川政三・小林威『財政学を築いた人々――資本主義の歩みと財政・租税思想』ぎょうせい、1983年、25頁。
21 同上書、25頁。
22 アダム・スミス『国富論（四）』第9刷、杉山忠平訳、岩波書店、2015年、133頁。
23 ミル『経済学原理（五）』末永茂喜訳、岩波書店、1970年、28頁。
24 大川政三・小林威、前掲書、182～183頁。
25 ミル、前掲書、1970年、28頁。
26 同上書、28頁。
27 同上書、31～32頁。
28 金子宏、前掲論文（注2）、1266頁。
29 金子宏、同上論文（注2）、1266頁、篠原章「ゲオルク・シャンツ所得概念と所得税法（一）～（四）」『成城大学経済研究』104～107号により完訳されている。本節ではこの完訳を参考にしている。
30 篠原章「ゲオルク・シャンツ所得概念と所得税法（一）」『成城大学経済研究』104号、成城大学、1989年3月、27頁。
31 同上論文、45～46頁。
32 同上論文、47頁。
33 辻山栄子「経済学上の所得概念の系譜（その2）」『武蔵大学論集』第37巻第2～5号、1990年3月、346頁。
34 ここで参考にしたヘイグ＝サイモンズ概念の研究は、辻山栄子『所得概念と会

計測定』森山書店、1991 年、38 ～ 54 頁、「経済学上の所得概念の系譜（その2）」『武蔵大学論集』第 37 巻第 2 ～ 5 号、1990 年 3 月、345 ～ 377 頁、富岡幸雄『税務会計学原理』中央大学出版部、104 ～ 105 頁である。

35　大川政三・小林威、前掲書、527 頁。
36　Haig, Robert M.(1921) "The Concept of Income - Economic and Legal Aspects", *The Federal Income Tax*. New York: Columbia University Press, p.2. 辻山栄子、前掲論文、348 頁参考。
37　*Ibid.*, pp.2-5.
38　*Ibid.*, p.5.
39　*Ibid.*, pp.5-7.
40　*Ibid.*, p.7. 辻山栄子、前掲論文、349 頁参考。
41　*Ibid.*, p.7.
42　Simons, *Ibid.*, p.42. 辻山栄子、前掲論文、355 頁参考。
43　辻山栄子、前掲論文、355 頁。
44　同上論文、355 頁。
45　Simons, *Ibid.*, p.49. 金子宏『所得概念の研究所──所得課税の基礎理論上巻』有斐閣、1995 年、25 ～ 26 頁参考。
46　大川政三・小林威、前掲書、531 ～ 532 頁。
47　同上書、527 頁。
48　Simons, *Ibid.*, p.34. 大川政三・小林威、前掲書、528 頁参考。
49　Simons, *Ibid.*, pp.16-17. 大川政三・小林威、前掲書、529 頁。
50　本庄資『アメリカ法人税法講義』税務経理協会、2006 年、8 頁。
51　同上書、8 頁。
52　忠佐市『会計原則と商法税法』中央経済社、1956 年、288 頁。
53　同上書、8 頁。
54　金子は Randolph E. Paul, *Taxation in the United States* (1954), pp.30-37. を引用して、当時のアメリカの総合累進所得税の導入の背景を紹介している。金子宏「租税法における所得概念の構成（二）」『法学協会雑誌』Vol.85、No.9、1252 ～ 1253 頁。
55　同上論文（注 54）、1252 ～ 1253 頁。
56　同上論文（注 54）、1252 ～ 1253 頁。
57　同上論文（注 54）、1252 ～ 1253 頁。
58　同上論文（注 54）、1252 ～ 1253 頁。
59　金子宏、前掲論文（注 2）、1273 頁、Simons, *Ibid.*, p.15.
60　金子宏、同上論文（注 2）、1273 ～ 1274 頁。
61　同上論文（注 2）、1274 頁。
62　同上論文（注 2）、1274 頁。

63　同上論文（注2）、1274頁。
64　同上論文（注2）、1275頁。
65　"Report on Japanese Taxation By the Shoup Mission" VolumeⅠ, 1949, p.105.
66　*Ibid.*, p.105.
67　*Ibid.*, p.105.
68　*Ibid.*, p.105.
69　*Ibid.*, p.106.
70　*Ibid.*, p.106.
71　*Ibid.*, p.107.
72　*Ibid.*, pp.107-114.
73　北野弘久『税法学原論〔第6版〕』青林書院、2007年、149頁。
74　同上書、25頁。
75　第十一条【基本的人権の享有と性質】国民は、すべての基本的人権の享有を妨げられない。この憲法が国民に保障する基本的人権は、侵すことのできない永久の権利として、現在及び将来の国民に与へられる。
76　第十二条【自由・権利の保持義務、濫用の禁止、利用の責任】この憲法が国民に保障する自由及び権利は、国民の不断の努力によつて、これを保持しなければならない。又、国民は、これを濫用してはならないのであつて、常に公共の福祉のためにこれを利用する責任を負ふ。
77　第十三条【個人の尊重、生命・自由・幸福追求の権利の尊重】すべて国民は、個人として尊重される。生命、自由及び幸福追求に対する国民の権利については、公共の福祉に反しない限り、立法その他の国政の上で、最大の尊重を必要とする。
78　第十四条【法の下の平等、貴族制度の否認、栄典の限界】1　すべて国民は、法の下に平等であつて、人種、信条、性別、社会的身分又は門地により、政治的、経済的又は社会的関係において、差別されない。2　華族その他の貴族の制度は、これを認めない。3　栄誉、勲章その他の栄典の授与は、いかなる特権も伴はない。栄典の授与は、現にこれを有し、又は将来これを受けるものの一代に限り、その効力を有する。
79　第二十五条【生存権、国の生存権保障義務】1　すべて国民は、健康で文化的な最低限度の生活を営む権利を有する。2　国は、すべての生活部面について、社会福祉、社会保障及び公衆衛生の向上及び増進に努めなければならない。
80　第二十九条【財産権の保障】1　財産権は、これを侵してはならない。2　財産権の内容は、公共の福祉に適合するやうに、法律（民法第一編）でこれを定める。3　私有財産は、正当な補償の下に、これを公共のために用ひることができる。
81　北野弘久、前掲書、144頁。

82 同上書、149頁。

第5章

法人課税の実態

はじめに

　本章で分析する実質法人税負担率の算定における主要な先行研究は、富岡幸雄の研究にみることができる。富岡幸雄の1991年と1992年における「真実実効税率」を算定する調査は、「税務統計から見た法人企業の実態」を利用し、資本金規模の大きい企業ほど税負担率が低くなるという算定結果を明らかにしている[1]。近年の研究では、2013年において公開されている「有価証券報告書」などや企業への直接取材を行うことで膨大な資料を収集し、精査・分析することで「実効税負担率の低い大企業」を明らかにしている[2]。市川深は、「税務統計から見た法人企業の実態」を使用して、課税所得の圧縮化の実態を分析している[3]。資本金規模100億円以上の大企業ほど受取配当益金不算入制度や租税特別措置などを多額に利用していることを指摘している[4]。和田八束は、租税特別措置により資本蓄積が進む状況を歴史的に研究しており、その研究の中においても企業規模別税負担率の格差を指摘している[5]。富山泰一は、2004年を対象にした資本金規模別の法人税負担率の調査結果において資本金規模の大きい企業の税負担率の低さを指摘している[6]。そして大橋英五は実質課税率を算定し、大企業は中小企業に比べて実質課税率の水準が10～15%も低い水準になっていることを明らかにしている[7]。

本章では、以上の先行研究を踏まえ、国税庁が公表している統計資料「税務統計から見た法人企業の実態」の分析結果を示す。

第1節 実質法人税負担率の算定

本節では、実質法人税負担率の計算過程を詳細に示してその計算を行い、大企業ほど実質法人税負担率が低くなっている状況を明らかにし、その原因について検討する。

1.「税務統計から見た法人企業の実態」について

まず、国税庁が公表している統計資料、「税務統計から見た法人企業の実態」の性格について確認する。この統計資料は1951年分から公表されているが、1963年分から「税務統計から見た法人企業の実態」として公表されるようになった。調査の目的は、法人企業について、資本金規模別や業種別にその実態を明らかにし、併せて税務行政の運営、税制改正等の基礎資料とすることにある[8]。調査の特色としては、①中小法人についても調査しており、いわゆる法人組織である企業の全体を網羅し、②法人の決算額ではなく、税務署に提出された法人税の確定申告書の計数（税務署及び国税局が法人の調査を行ったものについては、それによって得た計数）に基づいていることである[9]。この調査は、調査対象法人を内国普通法人とし、調査対象法人に対して資本金規模別・業種別等に一定の抽出率で標本法人を抽出し、税務署に提出された対象事業年度分の法人税の確定申告書等に基づいて調査されたものである[10]。調査票は、税務署及び国税局において作成後、国税庁に送られ、国税庁にて集計されたものであり、資本金規模10億円以上の企業の平均抽出率は100％と公表されている[11]。したがって、資本金規模10億円以上の企業のデータについてはすべての法人において調査を行っていることになり、非常に精度の高いデータであると言える。

2. 実質法人税負担率の計算方法

　実質法人税負担率は、富岡幸雄が著書『税務会計学原理』の中で示している「真実実効税率」の算定方法[12]を参考にして、所得の金額の計算に関する明細書（別表四）より算定の方法を次のように考えたものである。

　　実質法人税負担率＝法人税額／推定当期利益×100

　実質法人税負担率は、法人の推定当期利益に対してどの程度の法人税を支払っているのかを見る法人税負担率である。

　法人税額は、算出税額に課税留保金額に対する税額などを加算し、税額控除[13]を差し引いた後のいわゆる納付すべき法人税額である。そのため「税務統計から見た法人企業の実態」で表される法人税額の数値をそのまま使用する。

　推定当期利益は、「税務統計から見た法人企業の実態」で表される申告所得金額から所得の金額の計算に関する明細書（別表四）で調整される租税特別措置などの税制特有の項目を考慮して逆算的に当期利益を推定したものである。「税務統計から見た法人企業の実態」では、申告所得金額と租税特別措置法の減価償却、交際費等の損金不算入額、受取配当等の益金不算入額、外国子会社から受け取る剰余金の配当等の益金不算入額、寄付金の損金不算入額、欠損金の当期控除額、探鉱・海外探鉱費の特別控除額、海外投資等準備金の損金算入額、所得税額控除、外国税額控除の金額が明かになっているため、図表5-1のように申告所得金額からそれらの項目を調整し、逆算して推定当期利益を求める。

3. 実質法人税負担率の計算結果（2014年度）

　前述の実質法人税負担率の算定方法により計算した資本金規模別の実質法人税負担率は図表5-2のとおりである。

図表5-1 所得の金額の計算に関する明細書(別表四)簡略図

区分		推定当期利益
当期利益		
加算	⋮	
	減価償却の償却超過額	
	交際費の損金不算入額	
	⋮	
	小計	
減算	⋮	
	減価償却の償却超過額の認容額	
	受取配当時の益金不算入額	
	外国子会社から受ける剰余金の配当等の益金不算入額	
	⋮	
	小計	
仮計		
寄付金の損金不算入額		
法人税額から控除される所得税		
税額控除の対象となる外国法人税の額等		
⋮		
差引計		
欠損金の当期控除額		△
総計		
新鉱床探鉱費又は海外鉱床探鉱費の特別控除額		△
再投資等準備金積立額の損金算入額		△
申告所得金額		税務統計の金額

出所:所得の金額の計算に関する明細書別表四を参考に作成。

　資本金規模の小さい企業には軽減税率が適用されていることもあり、資本金規模の小さい企業において実質法人税負担率が低くなることは理解できる。しかし、資本金規模100億円以上の巨大企業の実質法人税負担率が13.93%と非常に低い負担率となっている。資本金規模50億円以上100億円未満の大企業は18%であり、10億円以上50億円未満の大企業は19.03%となり、法人税率25.5%よりも低い税負担率となっている。資本金規模10億円以上の法人の抽出率は100%であるため、資本金規模10億円以上の大部分の大企業は法定税率である25.5%よりも6〜11%も低い税負担率である

第 5 章　法人課税の実態　　91

図表 5-2 資本金規模別実質法人税負担率（2014 年）

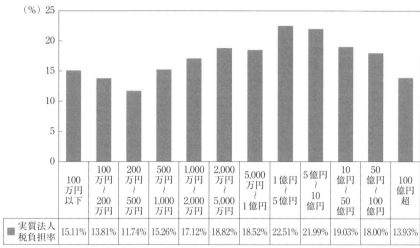

出所：国税庁長官官房企画課「会社標本調査―調査結果報告―税務統計から見た法人企業の実態（2014 年度）」3 月公表、2016 年より作成。

図表 5-3 実質法人税負担率（所得税額控除と外国税額控除を加えた場合）

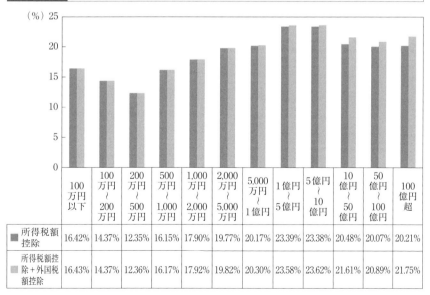

図表 5-4　推定当期利益の計算過程（単位：百万円）

区分 (資本金規模)	申告 所得金額 A	繰越 欠損金	D比	特別償却 準備金	D比	海外投資 等損失 準備金	D比	探鉱・ 海外探鉱 準備金	D比	寄付金の 損金 不算入額	D比	交際費の 損金 不算入額	D比	所得税額 控除	D比	外国税額 控除	D比	合計 C	推定 当期利益 D= A+B-C
100万円以下	590,736	159,239	21%	-783	—	—	—	—	—	2,362	0.3%	5,185	0.7%	10,038	1.3%	62	0.0%	17,647	762,625
100万円超	78,156	30,509	28%	—	—	—	—	—	—	245	0.2%	444	0.4%	615	0.6%	—	—	1,304	109,241
200万円〃	1,891,705	1,167,796	38%	9,567	0.3%	—	—	—	—	12,873	0.4%	10,177	0.3%	18,801	0.6%	185	0.0%	42,036	3,091,422
500万円〃	3,697,602	1,416,282	28%	18,776	0.4%	—	—	—	—	38,638	0.8%	35,917	0.7%	45,816	0.9%	1,289	0.0%	121,660	5,149,822
1,000万円〃	1,690,599	464,013	21%	11,838	0.5%	—	—	62	0.0%	16,905	0.8%	20,572	0.9%	16,941	0.8%	381	0.0%	54,799	2,168,577
2,000万円〃	3,712,688	725,546	16%	35,993	0.8%	—	—	686	0.0%	28,580	0.6%	56,702	1.3%	42,459	0.9%	2,331	0.1%	130,072	4,473,484
5,000万円〃	3,558,451	642,532	15%	61,168	1.4%	—	—	—	—	41,310	0.9%	75,900	1.7%	72,416	1.6%	5,739	0.1%	195,365	4,396,626
1億円〃	3,698,570	268,832	7%	-19,236	—	—	—	589	0.0%	20,219	0.5%	113,619	2.9%	35,036	0.9%	7,422	0.2%	176,296	3,971,658
5億円〃	1,388,010	83,566	6%	-23,232	—	—	—	1,521	0.1%	7,983	0.5%	34,684	2.3%	20,661	1.4%	3,665	0.2%	66,993	1,487,911
10億円〃	3,985,463	344,006	7%	21,655	0.5%	9	0.0%	13,669	0.3%	23,751	0.5%	88,281	1.9%	66,931	1.4%	52,614	1.1%	231,577	4,622,289
50億円〃	2,594,042	184,211	6%	25,510	0.8%	210	0.0%	20,978	0.7%	12,712	0.4%	41,447	1.3%	64,462	2.1%	25,602	0.8%	144,223	3,123,586
100億円〃	16,352,976	1,815,914	9%	54,267	0.3%	89,737	0.4%	109,390	0.5%	71,759	0.3%	215,767	1.0%	1,340,309	6.3%	327,320	1.5%	1,955,155	21,344,457

出所：国税庁長官官房企画課「会社標本調査―調査結果報告―税務統計から見た法人企業の実態」2014年より作成。

受取配当益金不算入額	D比	外国子会社からうける受取配当益金不算入額	D比	合計 B
30,721	4.0%	359	0.0%	189,536
1,872	1.7%	8	0.0%	32,389
64,049	2.1%	341	0.0%	1,241,753
134,539	2.6%	4,283	0.1%	1,573,880
46,448	2.1%	10,416	0.5%	532,777
110,798	2.5%	17,845	0.4%	890,868
282,513	6.4%	47,327	1.1%	1,033,540
116,673	2.9%	82,526	2.1%	449,384
71,004	4.8%	34,035	2.3%	166,894
258,186	5.6%	230,878	5.0%	868,403
276,251	8.8%	166,607	5.3%	673,767
3,670,936	17.2%	1,206,392	5.7%	6,946,636

ことが明らかとなる。特に資本金規模100億円以上の巨大企業は非常に軽い税負担であることがわかる。

所得税額控除と外国税額控除の金額を支払った法人税として分母の法人税額に加えて実質法人税負担率を算定すると図表5-3のようになる。法人税額に所得税額控除を加えて、実質法人税負担率を算定すると、資本金規模10億円以上の企業は20％程度となる。さらに、法人税額に所得税額控除と外国税額控除を加えても21％程度であり、法定税率25.5％よりも4〜5％も低い状況にある。

4. 巨大企業ほど実質法人税負担率が低くなる原因について

では、なぜ資本金規模100億円以上の巨大企業ほど実質法人税負担率が低くなっているのだろうか。

大企業の実質法人税負担率を引き下げている要因を、算定根拠となっている推定当期利益の内訳（図表5-4）と税額控除等（算出税額と法人税額の差）（図

図表5-5 算出税額と法人税額の差について (単位：百万円)

区分 (資本金規模)	算出税額 ①	法人税額 ②	税額控除等 ①-②	算出税額に対する 税額控除等の割合
100万円以下	122,372	115,208	7,164	5.9%
100万円超	15,657	15,084	573	3.7%
200万円〃	377,436	363,054	14,382	3.8%
500万円〃	831,894	785,704	46,190	5.6%
1,000万円〃	395,348	371,287	24,061	6.1%
2,000万円〃	903,539	841,860	61,679	6.8%
5,000万円〃	891,712	814,289	77,423	8.7%
1億円〃	943,050	894,098	48,952	5.2%
5億円〃	353,935	327,147	26,788	7.6%
10億円〃	1,016,228	879,498	136,730	13.5%
50億円〃	661,478	562,303	99,175	15.0%
100億円〃	4,169,975	2,973,969	1,196,006	28.7%

出所：国税庁長官官房企画課「会社標本調査―調査結果報告―税務統計から見た法人企業の実態」2014年より作成。

表5-5) から分析する。

推定当期利益は、申告所得金額に加算項目（繰越欠損金、特別償却準備金、海外投資等損失準備金、探鉱・海外探鉱準備金、受取配当益金不算入額、外国子会社からうける受取配当益金不算入額）をたして、減算項目（寄付金の損金不算入額、交際費の損金不算入額、所得税額控除、外国税額控除）をひいて計算する。

推定当期利益の算定項目から見ると、「海外投資等損失準備金」「探鉱・海外探鉱準備金」「受取配当益金不算入額」「外国子会社からうける受取配当益金不算入額」の推定当期利益に対する割合が大企業ほど高い。「海外投資等損失準備金」と「探鉱・海外探鉱準備金」は、資本金規模10億円以上の企業で使用している割合が高い。他の規模の企業はほとんど使用していない。「受取配当益金不算入額」は、資本金規模の大きい企業ほど推定当期利益に対して益金不算入となる割合が高い。資本金規模100億円以上の企業は、推定当期利益に対する「受取配当益金不算入額」の割合が17.2%と、他の資本金規模の企業よりも目立って高い割合となっている。「外国子会社からうける受取配当益金不算入額」も資本金規模100億円以上の企業は5.7%と高い割合であり、大企業ほど推定当期利益に対する割合が高い傾向にある。

繰越欠損金は資本金規模1億円未満の中小企業の実質法人税負担率を引き下げている。特に資本金規模200万円以上500万円未満の企業の推定当期利益に対する繰越欠損金の割合は38％と非常に高い割合となっている。資本金規模1億円未満の企業の推定当期利益に対する繰越欠損金の割合は10〜40％程度ある。

　法人税額は、算出税額に課税留保金額に対する税額などを加算し、税額控除を差し引いた後のいわゆる納付すべき法人税額をいう（法人税額＝算出税額＋留保税額－税額控除の額）。算出税額は、所得金額に所定の税率を乗じて算出した税額をいい、2014年度の場合は申告所得金額に25.5％を乗じて算出された額となる。したがって、算出税額と法人税額の差は、主に税額控除の額となる。算出税額と法人税額の差の中には留保税額も含まれるが、それほど影響が大きいものではない。この差が大きければ税額控除を多く利用していることにつながる。したがってここでは、算出税額と法人税額の差を税額控除等とする。図表5-5を見ると、税額控除等は資本金規模100億円以上の企業が最も多く、1兆1,960億600万円となっており、算出税額に対するその割合は28.7％と非常に高い割合となっている。資本金規模100億円以上の企業が税額控除等（研究開発促進税制を含む）を有効に活用し税金が免除されている状況がわかる。

　以上のことから、資本金規模100億円以上の巨大企業の実質法人税負担率を低くしている要因は、「受取配当益金不算入額」と「外国子会社から受け取る受取配当益金不算入額」「海外投資等損失準備金」と「探鉱・海外探鉱準備金」、税額控除等（研究開発促進税制を含む）であると言える。

第2節　実質法人税負担率の推移

　本節では、「税務統計から見た法人企業の実態」を使用して、可能な限り長い期間の統計データを集めて実質法人税負担率を算定したものを分析する。

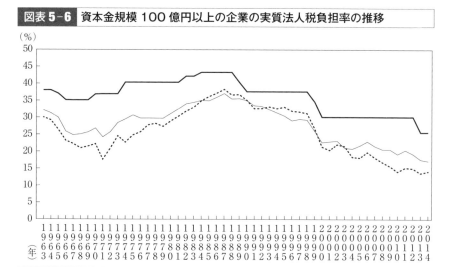

図表5-6 資本金規模100億円以上の企業の実質法人税負担率の推移

出所：国税庁企画課編『税務統計から見た法人企業の実態』1963〜2014年より作成。

1. 資本金規模100億円以上の企業の実質法人税負担率の推移

　図表5-6は、1963（昭和38）〜2014（平成26）年の資本金規模100億円以上の企業の実質法人税負担率の推移を示したものである。税制の優遇措置を受けやすい資本金規模100億円以上の企業は、実質法人税負担率が低く推移している傾向にある。そのため、まず資本金規模100億円以上の企業の実質法人税負担率に重点をおいて分析する。他の資本金規模の企業の実質法人税負担率と比較するために、実質法人税負担率の全体平均も併せてグラフ化している。

　資本金規模100億円以上の企業の実質法人税負担率は、①1985（昭和60）年頃までの時期が低く、②1985（昭和60）年から2000（平成12）年頃までの時期が全体平均とほぼ同じ値となっており、③2000（平成12）年以降また低くなっている。以上のように3つの時期に区分できる。

① 1985（昭和60）年頃まで（資本金規模100億円以上の企業の実質法人税負担率が低い時期）

この時期は、1960（昭和35）年代後半から1970（昭和45）年代に多くの租税特別措置が創設され、さらに商法と証券取引法の二元的な会計制度で運用されていた時期である。1967（昭和42）年に法人税法に公正処理基準が規定され、1974（昭和49）年に商法に公正なる会計慣行が規定されることによりトライアングル体制と呼ばれる会計制度の基礎が形成される。引当金制度が法人税法本法で規定され始めるのもこの時期である。1966（昭和41）年に法定税率は35％まで引き下げられるが、1974（昭和49）年に40％に引き上げられ、1980（昭和55）年に42％に引き上げられる。

② 1985（昭和60）年から2000（平成19）年頃まで（資本金規模100億円以上の企業の実質法人税負担率と実質法人税負担率の全体平均がほぼ同じ値となる時期）

この時期は、トライアングル体制と呼ばれる会計制度が運用されていた時期である。1970（昭和45）年代後半から1980（昭和55）年代前半にかけて租税特別措置の整理縮小化が実施され、その効果が1985（昭和60）年から2000（平成12）年にかけて見られる。法定税率は、1990（平成2）年に37.5％に引き下げられるが、資本金規模100億円以上の企業の実質法人税負担率は、法定税率よりも低く全体平均と同程度となっている。

③ 2000（平成12）年以降（資本金規模100億円以上の企業の実質法人税負担率が低い時期）

この時期は、新会計基準の導入に伴って会計制度と法人税制が乖離する時期である。トライアングル体制と呼ばれる会計制度に変化が見られ始める時期でもある。1998（平成10）・1999（平成11）年税制改正では課税ベースの拡大と法定税率の引き下げが行われる。主に引当金制度が廃止縮小され、2000（平成12）年に法定税率は30％に引き下げられる。新たに2003（平成15）年に研究開発促進税制やIT促進税制などの租税特別措置も創設される。研究開発費の額は多額となっており、その優遇措置を主に享受している企業

は大企業である。さらに 2007（平成 19）年には残存価格の撤廃や 2.5 倍定率法の導入もあり、課税ベースの縮小の方向性を示している。2013（平成 25）年には、法定税率が 25.5％に引き下げられる。高い利益を上げ、投資を継続し、償却費の増加を損金化できる企業に有効に働く制度となっている。

2. 他の資本金規模の企業の実質法人税負担率の推移

　前項では、資本金規模 100 億円以上の企業の実質法人税負担率を分析したが、ここでは、他の資本金規模の実質法人税負担率の推移を示す。

①資本金規模 1 円～ 1,000 万円の企業の実質法人税負担率の推移

　資本金規模 1 円～ 1,000 万円の企業の実質法人税負担率は、常に法定税率よりも低く、さらに全体平均よりも低い傾向にある。これは軽減税率の適用と繰越欠損金の効果といえる。以下でそれぞれの資本金規模の企業の実質法人税負担率を分析する。

　資本金規模 100 万円未満の企業の実質法人税負担率は、2000（平成 12）年頃までは全体平均よりも低いが、2001（平成 13）年頃から 2007（平成 19）年は、全体平均と同程度となっている。

　資本金規模 100 万円～ 200 万円の企業の実質法人税負担率は、2000（平成 12）年頃までは、常に全体平均を下回っている状況にある。1977（昭和 52）年からこの区分で調査が始まるため、1977（昭和 52）年からデータを分析している（これ以降の分類も 1977〔昭和 52〕年からの分類となる）。

　資本金規模 200 万円～ 500 万円の企業の実質法人税負担率は、全体平均よりも低くなってい 2008（平成 20）年に全体平均と同程度になるが、他の年度は全体平均よりも低くなっている。

　資本金規模 500 万円～ 1,000 万円の企業の実質法人税負担率は、全体平均と同程度で推移している。1996（平成 8）～ 2003（平成 15）年までは、全体平均よりも低い。

第5章　法人課税の実態　99

図表 5-7　資本金規模 100 万円未満の企業の実質法人税負担率の推移

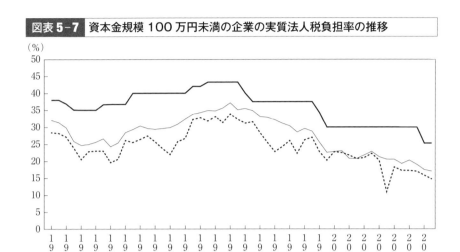

出所：国税庁企画課編『税務統計から見た法人企業の実態』1963〜2014年より作成。

図表 5-8　資本金規模 100 万円〜200 万円の企業の実質法人税負担率の推移

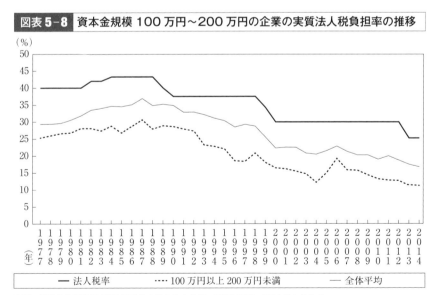

出所：国税庁企画課編『税務統計から見た法人企業の実態』1977〜2014年より作成。

100 第2部 課税の公平と会計制度

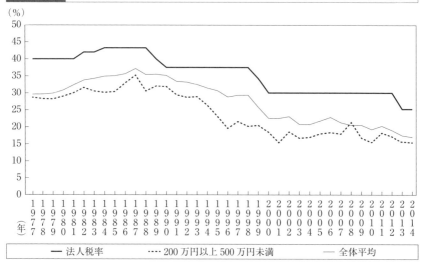

図表 5-9 資本金規模 200万円〜500万円の企業の実質法人税負担率の推移

出所：国税庁企画課編『税務統計から見た法人企業の実態』1977〜2014年より作成。

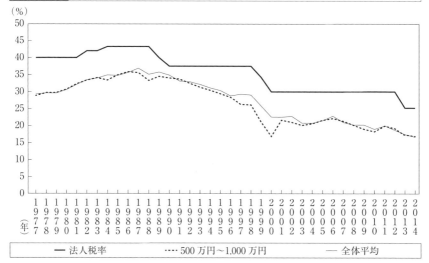

図表 5-10 資本金規模 500万円〜1,000万円の企業の実質法人税負担率の推移

出所：国税庁企画課編『税務統計から見た法人企業の実態』1977〜2014年より作成。

第5章 法人課税の実態　101

図表 5-11 資本金規模 1,000 万円～2,000 万円の企業の実質法人税負担率の推移

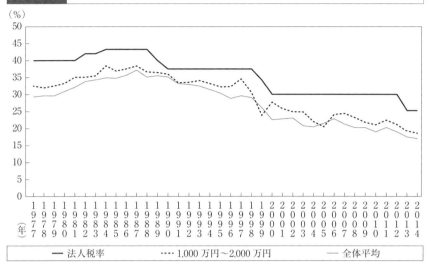

出所：国税庁企画課編『税務統計から見た法人企業の実態』1977～2014 年より作成。

図表 5-12 資本金規模 2,000 万円～5,000 万円の企業の実質法人税負担率の推移

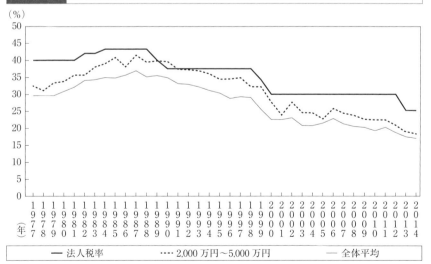

出所：国税庁企画課編『税務統計から見た法人企業の実態』1977～2014 年より作成。

②資本金規模1,000万円〜5,000万円の企業の実質法人税負担率の推移

　資本金規模1,000万円〜5,000万円の企業の実質法人税負担率は、常に法定税率より低く、全体平均とほぼ一致するか若干高い状況にある。以下でそれぞれの資本金規模の企業の実質法人税負担率を分析する。

　資本金規模1,000万円〜2,000万円の企業の実質法人税負担率は、全体平均よりも若干高く推移している（1999年と2005年を除く）。

　資本金規模2,000万円〜5,000万円の企業の実質法人税負担率は、全体平均よりも高く推移している。1990（平成2）年前後では、法定税率を上回る実質法人税負担率となっている。

③資本金規模5,000万円〜50億円の企業の実質法人税負担率の推移

　資本金規模5,000万円〜50億円の企業の実質法人税負担率は、全体平均よりも高い傾向にあり、法定税率を超えるか、それに近い時期もある。この資本金規模の企業の実質法人税負担率が最も高い。以下でそれぞれの資本金規模の企業の実質法人税負担率を分析する。

　資本金規模5,000万円〜1億円の企業の実質法人税負担率は、全体平均よりも高く、1989（平成元）〜1994（平成6）年は法定税率と同程度の実質法人税負担率となっている。

　資本金規模1億円〜5億円の企業の実質法人税負担率は、全体平均よりも高く（2002年頃を除く）、1989（平成元）〜1995（平成7）年頃は法定税率を超える実質法人税負担率となっている。

　資本金規模5億円〜10億円の企業の実質法人税負担率は、全体平均よりも高く、1989（平成元）年頃から1994（平成6）年頃までは法定税率と同じぐらいの実質法人税負担率となっている。

　資本金規模10億円〜50億円の企業の実質法人税負担率は、常に、全体平均よりも高く、1989（平成元）〜1994（平成6）年頃は法定税率と同じぐらいの実質法人税負担率となっている。

第5章 法人課税の実態　103

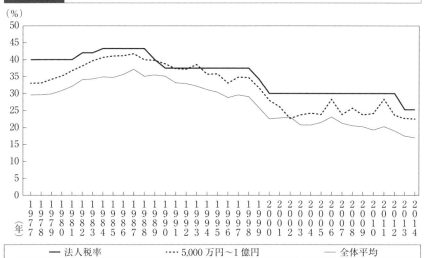

図表 5-13 資本金規模 5,000 万円～1 億円の企業の実質法人税負担率の推移

出所：国税庁企画課編『税務統計から見た法人企業の実態』1977～2014 年より作成。

図表 5-14 資本金規模 1 億円～5 億円の企業の実質法人税負担率の推移

出所：国税庁企画課編『税務統計から見た法人企業の実態』1977～2014 年より作成。

104　第2部　課税の公平と会計制度

図表 5-15　資本金規模 5 億円～10 億円の企業の実質法人税負担率の推移

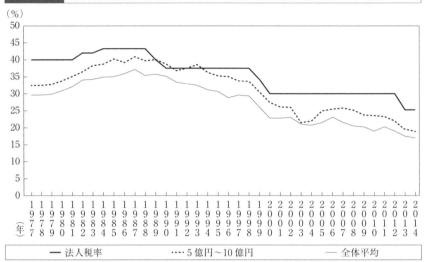

出所：国税庁企画課編『税務統計から見た法人企業の実態』1977～2014 年より作成。

図表 5-16　資本金規模 10 億円～50 億円の企業の実質法人税負担率の推移

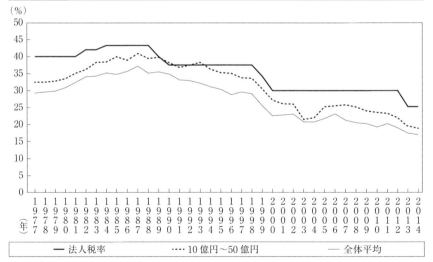

出所：国税庁企画課編『税務統計から見た法人企業の実態』1977～2014 年より作成。

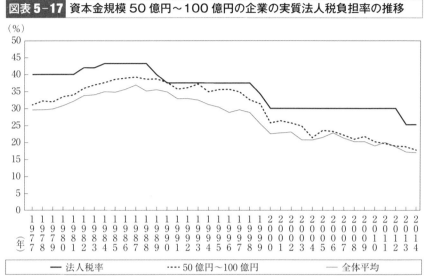

図表5-17 資本金規模50億円～100億円の企業の実質法人税負担率の推移

出所：国税庁企画課編『税務統計から見た法人企業の実態』1977～2014年より作成。

④資本金規模50億円～100億円の企業の実質法人税負担率の推移

　資本金規模50億円～100億円の企業の実質法人税負担率は、1990（平成2）年に法定税率と同程度となるが他については、常に法定税率よりも低い。全体平均よりも高いが、2000（平成12）年以降は、低下傾向にある。

　全体を通して分析すると、1990（平成2）年から、1999（平成11）年頃までは、実質法人税負担率が全体的に高い傾向にあり、法定税率を超える資本金規模の企業もあったが、1998（平成10）年・1999（平成11）年の税制改正を契機に実質法人税負担率は著しく低下する傾向にある。

第5章小括

　本章では、国税庁が公表している統計資料「税務統計から見た法人企業の

実態」を利用して、実質法人税負担率の計算過程を詳細に示してその計算を行い、大企業ほど実質法人税負担率が低くなっている状況を明らかにし、その原因について検討してきた。

　実質法人税負担率を算定することにより、法人税制に存在する不公正がどの規模の企業群に集中して発生しているかが分析できる。その税制上の不公平により優遇を受け、税負担の低減化による特権を享受しているのは、どの階層の企業群であるかが明らかになった。大企業と中小企業を比較すると、制度は大企業の税負担を軽減するのに有利な仕組みになっている。大企業に偏在して適用される数多くの優遇措置により本来的には課税所得となるべきものが課税所得とされずに、課税ベースが縮小化している。租税特別措置法上の準備金や受取配当金が良い例である。長期的な視点で見ても資本金規模の100億円以上の企業の実質法人税負担率の低さが指摘できる。このため租税負担の公平性が阻害され、租税負担能力に応じた公正な課税所得の把握が妨げられていることがわかる。

注

1　富岡幸雄『税務会計学原理』中央大学出版部、2003年、1481頁～1491頁。
2　富岡幸雄『税金を払わない巨大企業』文藝春秋、2014年、26頁。
3　市川深編著『税務会計』日本評論社、1976年、61～65頁。
4　同上書、63頁。
5　和田八束『租税特別措置歴史と構造』有斐閣、1992年、36～37頁。
6　富山泰一「『構造改革』による税・社会保障制度等の改悪が、経済格差を増大させている」『福祉とぜいきん』第19号、2006年、95～96頁、同「応能負担論から企業活性化論への公平論の変質化」『政経研究』第87号、2006年、38頁。
7　大橋英五「財政危機下で進む大企業の強蓄積」『日本の科学者』Vol.32、No.6、本の泉社、1997年、18頁。
8　国税庁長官官房企画課「会社標本調査—調査結果報告—税務統計から見た法人企業の実態（2013年度）」2015年3月公表、1頁。
9　同上報告書、1頁。
10　同上報告書、2頁。

11 同上報告書、2頁。
12 富岡幸雄『税務会計学原理』中央大学出版部、2003年、1484頁～1488頁。近年では、以下の論文にも掲載されている。同「不況期の増税で国を滅ぼすな（上）――経済活性化と欠陥税制の是正が急務」『税経通信』2012年1月号、27頁。同「税金を払っていない大企業リスト　隠された大企業優遇税制のからくり」『文藝春秋』2012年5月号、114～122頁。
13 租税特別措置法の適用額等の実態については、2011年度分より、「租税特別措置の適用状況の透明化等に関する法律」に基づく調査により別途公表されることとなったため、「税務統計から見た法人企業の実態」において税額控除の明細が公表されなくなってしまった。

第6章

法人税制と企業会計原則

はじめに

　本章では大企業を優遇させる税制を導いた要因について、会計規定の側面から歴史的に検証する。戦後の会計制度は、宮上一男が指摘していた通り「大企業の資本蓄積に奉仕するもの」であったと言える。高度成長期のわが国の企業は、公表利益のほかに「剰余金」「隠し利益」と言えるものを巨額に保有していた。本章では、強蓄積や企業利益を小さくする実態手段となった保守的で恣意的な会計を容認する企業会計原則、商法、法人税法などの法・規則の検討を行う。法人税法独自の規定（主として租税特別措置）については第7章で扱う。

第1節　大企業の内部留保拡大に働く保守主義

1. 宮上一男の会計制度論と保守主義

　ここでは、宮上一男の『企業会計制度の構造』を取り上げて、保守主義の特質について検討する。宮上一男は、企業会計制度の役割を企業、とりわけ

独占的大企業の資本蓄積との関連で明らかにし、企業会計は、単に企業資本の循環を模写するものでなく、資本蓄積のための有力な槓杆として利用されるものであるとし、このような会計機構を現代資本主義の特徴の一つとしている[1]。また、会計理論の性格を、静態論の下での保守主義から動態論の下での保守主義への変化の過程で、批判的に指摘している。静態論のもとでの保守主義は、財産計算目的であるため、財産の過小評価と秘密積立金の設定を取り上げている。このような保守主義を伝統的な保守主義と呼んでいる。伝統的な保守主義の内容は次のように説明されている。

「公表会計制度の性質からして、その報告内容となるものは、当然、企業の財政状態、資産負債利益などの現状である。そのさい企業財産の評価のしかたによって、表示された財政内容が左右されるところ大であるので、これまで、低価主義や保守主義が公表会計における重要な原理であった。この原理は、いわゆる債権者保護、一般株主保護という公表会計成立の根拠に立脚し、かつ、歴史的な経緯によって成立したものである[2]」。

そして、財産計算目的の下での伝統的な保守主義と、引当金制度に代表される動態論の下での保守主義とは意味が異なるという。

「伝統的な保守主義は企業者が、企業財産を過大にみせかけることをふせぐための原理であった。ところがこんにちでは、逆に、企業者が企業財産（むしろ企業利益）を過少にみせかけるための原理として、いわゆる保守主義を利用し、このような保守主義の利用が会計政策となっているところに、公表会計の特徴が見出される。この意味で、伝統的な保守主義は、いわゆる利益操作に席を譲った[3]」。

さらに、動態論の下での引当金の恣意性は、制度的に公然と秘密積立金が設定可能となったことから、拡大したことが指摘された。また、動態論の下では、利益の過小表示となるものは引当金だけではなく、減価償却や、インフレ時における棚卸資産の後入先出法にも見られることが指摘されている。このような一連の方式は、企業利益の過小表示を目指し、その政策目標が資本（独占資本）蓄積にあることが、共通の効果として示されている。「企業利益の現実の表示は明示されているように、資本蓄積に従属するものであって、

収益に対応する原価の配分に従属せしめられているわけのものではない[4]」と述べられている。

　また、利益や資本についても同様のことが言えると指摘されている。「制度上の変化があれば、昨日、利益であるものも、今日は、利益でなくなる。制度が効果を期待するのは、このような現象を変化せしめうるからである。制度上の、換言すれば、現象としての、企業会計が分析を必要とするのは、それらが、このような制度的性質を付与されているからにほかならない[5]」

　宮上一男は、動態論下での保守主義などの検討を中心に、公表利益の過小表示と資本蓄積、自己金融の促進などに奉仕するという会計制度の役割を指摘した。その後会計制度は、戦後の大企業を中心とした高度成長の資本蓄積を促進する制度として、企業会計原則の期間損益計算論の拡大、商法、税法との調整過程の中でさらに進展していくことになる[6]。

2. 企業会計原則と保守主義

　企業会計原則における保守主義は「企業の財政に不利な影響を及ぼす可能性がある場合には、これに備えて適当に健全な会計処理をしなければならない」と規定されている。保守主義の下で財産計算を重視する場合、資産は控えめに評価し、負債は多めに見積もることになり、損益計算で見れば収益は控えめに計上し、費用は多めに計上することになる。黒沢清によれば、保守主義は、利益の期間比較を害し、明瞭性の原則、継続性の原則、費用収益対応の原則などと矛盾しており、非論理的な欠点を有しているという[7]。しかし、「これらの多くの欠点にもかかわらず、それはその欠点を補ってあまりある実務上の効果、特に企業財政上必要とする安全率の要求のために、いまなお重要な一般原則の一つとして支持されている[8]」とされる。この「財政上必要とする安全率」とは、銀行や株主にとっては粉飾決算への防壁として意味をもつが、経営者にとっては利益の内部留保をもたらす[9]。「保守主義の容認と重視」が企業会計原則の基本的な性格の一つであり、保守主義は、原価主義とともに近代会計学の二大特質となっている[10]。しかし、過度な

保守主義は、利益の過度な縮小表示となり、これを税制が容認すれば課税ベースの縮小につながる。そこで「注解4」において、「過度に保守的な会計処理を行うことにより、企業の財政状態及び経営成績の真実な報告をゆがめてはならない」という制約をつけている。しかし、その制約については具体的に明らかにされていない。

第2節 引当金制度の変化と保守主義

引当金は費用を見越し計上することから、前節で概観していたとおり保守的な経理と位置付けられる。本節では企業会計原則上の引当金を中心に、商法、法人税法上の引当金に触れながら引当金制度の変化を概観する。

1. 企業会計原則と引当金

「引当金」に関する規定についてみると、1963（昭和38）年修正までは、引当金の分類と表示に関する規定をもつのみであったのに対して、1974（昭和49）年修正以後は、「負債性引当金」ないし「引当金」とは何かを規定している[11]。

引当金概念は当初、混乱のうちにも期間損益計算目的に立ち、適正なる期間計算を行うための当期発生費用、当期の収益に対応する費用を見積計上するために設定されるものであるとされていた[12]。しかし1960（昭和35）年代以降において、商法との調整や実務処理への対応により、期間損益計算では説明できない保守主義を根拠とする引当金が設定されることになる。

法人税法における損金算入による準備金（引当金）の認定は、1950（昭和25）年のシャウプ税制勧告による貸倒準備金の創設に始まる。1951（昭和26）年の法人税法改正では、租税特別措置として、価格変動準備金、退職給与引当金、修繕引当金（前年の船舶修繕引当金の名称変更と対象拡大）、渇水準備金の損金算入の規定が創設された。

（1）1954（昭和29）年修正企業会計原則と引当金規定

1954（昭和29）年の修正企業会計原則において、引当金に関する注解が新設された。企業会計原則における負債性引当金に関する規定（注解17）は次のとおりであった。

【企業会計原則　注解17】

> 引当金について
> 　引当金には評価勘定に属するものと負債的性質をもつものとの区別があるが、後者については、流動負債に属するものと固定負債に属するものとを区別する必要がある。
> （1）納税引当金、修繕引当金、渇水準備金のように将来における特定の支出に対する引当額が比較的短期間に使用される見込みのものは、流動負債に属するものとする。
> （2）退職給与引当金、船舶等の特別修繕引当金のように相当の長期間を経て実際に支出が行われることが予定されているものは、固定負債に属するものとする。

　企業会計原則は「引当金には評価勘定に属するものと負債的性質をもつものとの区別がある」とし、とくに後者の「負債的性質をもつ引当金」を「将来における特定の支出に対する引当額」と意義づけたのである[13]。企業会計原則によると費用は発生主義によって計上される。発生主義とは支出の事実ではなく、発生の事実に基づいて費用を計上する認識基準であり、固定資産の減価償却において最も明瞭に示されている。したがって、将来発生するかもしれない特定の支出に対して引当金を計上することは、引当金概念の拡大であった。発生主義は当初においては、当期すでに発生していると認められるものの期間限定の基準を意味し、将来発生するかもしれないものの当期計上の意味は持っていなかったのである[14]。それが将来発生のものを含むようになったのは、引当金に対する費用についてであり、予想による損費を、引当金によって当期の費用とすることを合理的なものとするためである[15]。発生主義によって当期の費用とすることが説明しきれない場合に、この費用収益対応の基準が根拠とされたわけである[16]。そしてその背景に企業の保守主義への強い要求があった。

　1954（昭和29）年修正企業会計原則が、負債的性質をもつ引当金として例示した退職給与引当金、修繕引当金及び特別修繕引当金は、その後も負債性

引当金として性格づけられるものである。渇水準備金は将来の渇水損失に備える準備額であり、いわゆる偶発損失ないし偶発事象にかかわる費用・支出または損失に備える引当金であるといえる[17]。偶発損失ないし偶発事象にかかわる費用・支出または損失に備える引当金は、それ自体、利益を留保するものとしての性格を有するのであって利益留保性引当金であると考えられた[18]。

1954（昭和29）年修正企業会計原則の利益留保性引当金を含む負債性引当金の考え方ないし規定のもとに、多種多様な利益留保性引当金が企業会計原則上の負債性引当金と解釈されていた。したがって、企業会計原則における負債性引当金の概念は、その設立当初から不明確なものであったといえる。企業会計原則上の負債的性質をもつ引当金は、事実上、評価性引当金以外の将来の支出に備えるいかなる引当金も含まれると考えられた。

商法は負債性引当金を規定するものとして1962（昭和37）年に第287条ノ2を設けた。損益法に基づく損益計算の計算体系を商法が採用したからである。これを次に示す。

【商法第287条ノ2[19]】

1項	特定の支出又は損失に備ふる為に引当金を貸借対照表の負債の部に計上するときは其の目的を貸借対照表において明らかにすることを要す
2項	前項の引当金を其の目的外に使用するときは其の理由を損益計算書に記載することを要す

商法上の負債性引当金の性格は必ずしも明らかではなく、また、第287条ノ2の引当金を「特定の支出又は損失に備ふる為」のものとのみ規定し、これを具体的に特定していなかったのである[20]。したがって、利益留保性引当金を含むか否かをめぐる議論が展開されたのであった。

1960（昭和35）年代は多種の準備金・引当金が法人税法と租税特別措置の中に創設され、準備金・引当金制度が拡充する。1964（昭和39）年には貸倒準備金が貸倒引当金となり、同時に、貸倒引当金、退職給与引当金、特別修繕引当金が特別措置としての取り扱いから取り除かれ、1965（昭和40）年に

法人税法に規定される。さらに1965（昭和40）年に返品調整引当金と賞与引当金が法人税法上に規定される。その後、1971年に製品保証引当金を追加して、1998（平成10）年・1999（平成11）年の法人税制改革に至るまで6種の引当金を特別措置ではなく法人税法本法で規定していた。

（2）1974（昭和49）年修正企業会計原則と引当金規定

1974（昭和49）年修正企業会計原則において、注解17の文言が変更され、貸倒引当金と減価償却引当金の評価性引当金についての表示方法が明示されることとなった。

【企業会計原則　注解17】

> 貸倒引当金又は減価償却引当金は、その債権又は有形固定資産が属する科目ごとに控除する形式で表示することを原則とするが、次の方法によることも妨げない。
> （1）二以上の科目について、貸倒引当金又は減価償却引当金を一括して記載する方法
> （2）債権又は有形固定資産について、貸倒引当金又は減価償却引当金を控除した残額のみを記載し、当該貸倒引当金又は減価償却引当金を注記する方法

減価償却引当金が、企業会計原則上初めて記されたのは、1963（昭和38）年の修正企業会計原則において、「有形固定資産に対する減価償却は、一定の償却方法によって耐用期間の全期間にわたって行い、減価償却額は、減価償却引当金としてその累計額を固定資産取得原価から控除する形式で記載する（貸借対照表原則、四（一）B)」であった。

企業会計原則上「負債性引当金」という用語が用いられたのは、1974（昭和49）年の修正企業会計原則においてである。次に示す注解18がそれである。

【企業会計原則　注解18】

> **負債性引当金について**
> 　将来において特定の費用（又は収益の控除）たる支出が確実に起こると予想され、当該支出の原因となる事実が当期においてすでに存在しており、当該支出の金額を合理的に見積もることができる場合には、その年度の収益の負担に属する金額を負債性引当金として計上し、特定引当金と区別しなければならない。

> 製品保証引当金、売上割戻引当金、景品費引当金、返品調整引当金、賞与引当金、工事補償引当金、退職給与引当金等がこれに該当する。
> 負債性引当金は、金額は未確定であるが、その支出は確実に起こると予想されるものであるから、偶発損失についてこれを計上することはできない。

　1974 (昭和49) 年修正企業会計原則において注目される点は、引当金を評価性引当金、負債性引当金および特定引当金に区別している点、ならびに偶発損失にかかわる引当金をいわゆる負債性引当金として計上できないとしている点である。

　修正企業会計原則における特定引当金が、商法第287条ノ2の引当金を指しており、偶発損失ないし偶発事象にかかわる費用・支出または損失に備える引当金、利益留保性引当金は特定引当金に含まれるものであった[21]。この特定引当金は、商法の中へ「損益法」の論理を導入するとともに、価格変動準備金、特別償却引当金 (準備金)、海外市場開拓準備金、海外投資損失準備金、万国博出展準備金等の租税特別措置上設けられた準備金・引当金を商法上においても正規のものとして合法化することをねらったものであった[22]。1974 (昭和49) 年企業会計原則修正案は会計原則から認められない商法の特定引当金を受け入れ、負債性引当金の拡大を意図したものであったが、企業会計原則注解14を新設することで、企業会計原則の解釈上の正当性を確保した[23]。

【企業会計原則　注解14】

> **負債性引当金以外の引当金について**
> 　負債性引当金以外の引当金を計上することが法令によって認められているときは、当該引当金の繰入額または取崩額を税引前当期純利益の次に特別の科目を設けて記載し、税引き前当期純利益を表示する。この場合には、当期の負担に属する法人税額、住民税額等を税引前当期純利益から控除して当期純利益を表示する。なお、負債性引当金以外の引当金残高については、貸借対照表の負債の部に特定引当金の部を設けて記載する。

　したがって、1974 (昭和49) 年修正企業会計原則は、それ以前の引当金制度あるいは商法引当金規定のもとにおける実務のあり方と対応して、負債性

引当金の範囲を限定しようとするものであったと考えられた[24]。その負債性引当金を規定した修正企業会計原則（注解18）が例示している製品保証引当金、売上割戻引当金、景品費引当金、返品調整引当金、賞与引当金、工事補償引当金および退職給与引当金は、いずれも債務性をもつ条件付債務にかかわる引当金であった。1974（昭和49）年修正企業会計原則が、負債性引当金を特定引当金と区別していることからも、この負債性引当金を条件付債務にかかわる引当金に限定しようとしていたものと考えられる。

（3）1982（昭和57）年修正企業会計原則と引当金規定

現行企業会計原則は1982（昭和57）年に修正されたものである。これは1981（昭和56）年に改正された商法との調整を図るものであったといわれる。

1981（昭和56）年商法改正を次に示す。

【商法第287条ノ2】

> 特定ノ支出又ハ損失ニ備フル為ノ引当金ハ其ノ営業年度ノ費用又ハ損失ト為スコトヲ相当トスル額ニ限リ之ヲ貸借対照表ノ負債ノ部ニ計上スルコトヲ得

以上のように「其ノ営業年度ノ費用又ハ損失ト為スコトヲ相当トスル額ニ限リ」という文言が追加され、商法上の引当金に利益留保性のものは認められないことを明確にした。この商法の改正が、1962（昭和37）年の引当金規定の制定以来続いていた混乱に終止符を打つことを目指したとされる[25]。

注解17の減価償却引当金の表現は減価償却累計額に変更され、減価償却引当金は引当金からはずされることになった。

【企業会計原則　注解17】

> 貸倒引当金又は減価償却累計額は、その債権又は有形固定資産が属する科目ごとに控除する形式で表示することを原則とするが、次の方法によることも妨げない。
> （1）二以上の科目について、貸倒引当金又は減価償却累計額を一括して記載する方法
> （2）債権又は有形固定資産について、貸倒引当金又は減価償却累計額を控除した残額のみを記載し、当該貸倒引当金又は減価償却累計額を注記する方法

この修正によって、企業会計原則は従来いわゆる負債性引当金として認め

ていなかった偶発損失に備える引当金を、会計上の引当金として積極的に位置づけるとともに、次のように引当金規定の一本化を図った。

【企業会計原則　注解18】

> 　将来の特定の費用又は損失であって、その発生が当期以前の事象に起因し、発生の可能性が高く、かつ、その金額を合理的に見積ることができる場合には、当期の負担に属する金額を当期の費用又は損失として引当金に繰入れ、当該引当金の残高を貸借対照表の負債の部又は資産の部に記載するものとする。
> 　製品保証引当金、売上割戻引当金、返品調整引当金、賞与引当金、工事補償引当金、退職給与引当金、修繕引当金、特別修繕引当金、債務保証損失引当金、損害補償損失引当金、貸倒引当金等がこれに該当する。
> 　発生の可能性の低い偶発事象に係る費用又は損失については、引当金を計上することはできない。

　偶発損失ないし偶発事象にかかわる費用・支出または損失に備える引当金は、利益留保性のものである。しかし、企業会計原則は従来区別していた評価性引当金、負債性引当金および偶発損失ないし偶発事象にかかわる費用・支出又は損失に備える引当金の会計的性格は同一であるとして、これらを一体的にとらえ、引当金規定を一本化している。現行企業会計原則が引当金規定を一本化した主要な契機の一つは、商法の考え方を前提ないし基礎としつつ、商法に歩みよる形で新たな引当金制度を構築することにあったといえる。

　また、偶発損失ないし偶発事象にかかわる費用・支出または損失に備える引当金を負債性引当金に含めるよう拡大した要請は、国際的な動向に対応する必要があったことも指摘されている[26]。IAS第10号、「偶発事象および後発事象」では、発生の確率がかなり大きく、かつ金額の合理的見積りができる偶発事象―偶発損失について引当計上しなければならないことを定めている。また、アメリカFASB財務会計基準書の第5号「偶発事象の会計処理」(1975〔昭和50〕年3月)も同様の規定をしている。こうした影響が1982(昭和57)年修正企業会計原則にあった。

図表 6-1 引当金の根拠と分類

引当金		根拠	企業会計			法人税法本法で容認されていた引当金（減価償却引当金）*
			本来の発生主義	費用収益対応の原則	保守主義	
評価性引当金	減価償却引当金		○	○	×	○
	貸倒引当金		×	○	○	○
負担性引当金	製品保証引当金		×	○	○	○
	売上割戻引当金		×	○	○	×
	返品調整引当金		×	○	○	○
	賞与引当金		未払費用説○	○	○	○
	工事補償引当金		×	○	○	×
	修繕引当金		×	○	○	×
	退職給与引当金		未払費用説○	○	○	○
	特別修繕引当金		×	○	○	○
	債務保証損失引当金		×	×	○	×
	損害補償損失引当金		×	×	○	×

注：* 1998（平成10）・1999（平成11）年税制改正前まで。
出所：筆者作成。

2. 引当金の根拠と分類

　これまで概観してきた歴史的経緯に基づき、企業会計原則に記載されている引当金を、発生主義、費用収益対応の原則、保守主義のそれぞれの根拠を基にして分類した表が図表6-1である。

　減価償却引当金は、本来の発生主義で当然に説明できる。貸倒引当金、製品保証引当金、売上割戻引当金、返品調整引当金、工事補償引当金、修繕引当金、特別修繕引当金は将来の支出であり、本来の発生主義では説明できない。したがって、費用収益対応の原則や保守主義や広義の発生主義である原因発生主義などで解釈されるのである。賞与引当金、退職給与引当金は未払費用として本来の発生主義で説明することができる。

　法人税法上で認められる引当金は1998（平成10）年・1999（平成11）年の法人税制改革に至るまで6種の引当金が認められていた。貸倒引当金、退職給与引当金、特別修繕引当金、返品調整引当金、賞与引当金、製品保証引当金が特別措置ではなく法人税法本法で規定されていた。戦前では積立金とし

て処理され、損金算入はされなかったが、保守主義を根拠として企業会計原則上に認められた引当金は、法人税法上でも一部容認されたのである。内部留保の蓄積と課税ベースを縮小させる引当金制度が法人税法本法の中で受け入れられたのであった。

第3節 減価償却制度と費用の過大計上

企業会計原則の注解20は、減価償却の方法を①定額法、②定率法、③級数法、④生産高比例法の4つとしている。税法上の減価償却は、通常の償却（普通償却）と「別段の定め」として租税特別措置法に規定されているいわゆる特別償却の2つの内容によって構成されている。税法上の普通償却は、定額法、定率法または生産高比例法によるとされ（法人税法施行令48条）、残存価格は取得価額の10％であるが、償却は取得価格の5％まで行うことができた（法人税法施行令61条、2007〔平成19〕年税制改正前まで）。2007（平成19）年の税制改正では残存価額の廃止や250倍定率法が導入され、新しい減価償却制度が創設された（詳しくは第10章）。本節では企業会計原則と法人税制上の減価償却制度について考察する。

1. 定額法と定率法

企業会計原則では、「減価償却のもっとも重要な目的は、適正な費用配分を行うことによって、毎期の損益計算を正確ならしめる」と規定している。つまり、減価償却の目的は、有形固定資産の取得原価を、当該資産の利用期間に配分することを通じて、各期間の利益を適切に算定することにある。法人税法においても、一定期間の適正な所得計算を行い、これに基づいて税を課すという立場から、期間損益算定のための手続きであると認識しており、この点においては企業会計と合致している[27]。「適正な費用配分」をするならば、定額法か生産高比例法が合理的と言えるが、法人税法では多くの場合

に定率法を認めている。定率法は、定額法に比べ初期の段階で償却費として多くの費用を計上し利益を減額する。固定資産の多くは使用が進むに従い修繕費が逓増する傾向にあるため、この場合には減価償却費を逓減的に計算し、修繕費と減価償却費の合計額が均等となるように固定資産の費用を計上すべきという論拠もある[28]。この論拠は、費用負担の平準化を図ることにより、毎期の利益の期間比較性が確保されるという観点から支持される。しかし、定率法は、投下資本の早期回収と利益の圧縮である加速償却であるとも言える。加速償却による減価償却費は非課税ではなく、課税の繰り延べである。

2. 特別償却

普通償却と同時に、租税特別措置法に「減価償却の特例」として特別償却が規定されている。特別償却は法人が特定の設備等を取得して、事業の用に供した場合には、公害対策、住宅対策、中小企業対策などの種々の政策的要請から、減価償却費の損金算入に関して税務上の特例を設け、普通償却額のほかに特別償却額を損金の額に算入することができる制度である。特別償却には取得価額の一定割合を償却する狭義の特別償却と普通償却額を割増しする割増償却がある。特別償却は特定の減価償却資産を取得し、事業の用に供したときにおいて、次の金額を限度に特別償却できる制度である。

> 取得価額等×一定割合＝特別償却限度額

割増償却は、特定の減価償却資産を取得し、事業の用に供した時以後一定の期間内において、次の金額を限度に割増し償却できる。

> 普通償却限度額×一定割合＝割増償却限度額

特別償却や割増償却は、通常の減価償却費と合わせると初年度に取得価額の大部分を償却でき、きわめて加速的な償却を行うことができる。

3. 課税ベースを縮小する過大な減価償却

　以上で見てきたことから定率法や租税特別措置法上の特別償却は、加速的な償却を促進するものである。加速的な償却は、償却の初期に費用を拡大することができ、課税を延期する効果をもつ。さらに、延期された課税額についての利子効果を考えるならば無利子の国家融資という効果をもち、この効果は、資産がたえず更新・拡張されていくならば、実質上、恒久化することになる[29]。設備資産が増加・維持されるという条件のもとでは、償却累計額は加速的な償却を行うことによって相対的に大きなものとなり、その大きさが維持される[30]。加速的な償却は、実質上、償却費を拡大することによって利益を縮小させることになる。したがって、莫大な利益を計上している大企業が、この加速償却を実現できる。高い利益を上げ、投資を継続し、償却費の増加を損金化できる企業に限ってキャッシュ・フローを増やし、投資資金を充実させて、「強い企業」がより「強くなる」企業体質をつくる結果につながる。中小企業では一般的に利益の額が限定され、とくに不況期には利益の実現さえもがあやぶまれるため、加速償却はもちろんのこと、通常の減価償却さえ困難となる。

第4節　「資本取引と損益取引区別の原則」と資本準備金（株式払込剰余金）の非課税

　戦前まで課税されていた資本準備金（株式払込剰余金）は、企業会計原則の設定や商法改正に伴って非課税となった。本節では、非課税とされた資本準備金（株式払込剰余金）の性格を企業会計原則と商法の資本概念を通して検討する。

1.「資本取引と損益取引区別の原則」と企業会計原則

　「企業会計原則」の一般原則の第三に、企業会計に対する次の要請が掲げ

「資本取引と損益取引を明瞭に区別し、特に資本剰余金と利益剰余金を混同してはならない」。

この原則は資本と損益、つまり資本と利益に関する基本原則である。「企業の利益は、財貨および用益の移転によってのみ実現するものであって、けして資本の移転から生ずるものではない[31]」という前提で成り立っている。「資本の移転によっては利益は生じない[32]」という命題は、最も重要な会計原則のひとつである。「もし資本取引が損益取引と混同されて帳簿に記入されるときは、資本が利益に転化して、けっきょく資本は食いつぶされることになる[33]」と戦後、企業会計原則が導入されて以来、考えられてきた。剰余金について「企業会計原則注解 19」は「会社の純資産額が法定資本の額をこえる部分を剰余金という」と定める。そして、剰余金は資本剰余金と利益剰余金とに分類できる。資本剰余金は払込資本のうち資本に組み入れられなかった部分や、減資や他企業との合併により生じる減資差益および合併差益を指す（注解 19）。利益剰余金は、利益を源泉とする剰余金と定義する（注解 19）。1974（昭和 49）年修正前注解 7 では、資本剰余金を資本取引によって生ずる剰余金と定義していた。株式会社の純資産と資本は、それが生じてきた源泉に従って、図表 6-2 のように分類することができる。

株主資本は、株主からの拠出によって形成された払込資本と、獲得した利益を企業内に留保して再投資することによって形成された留保利益に大別される。払込資本はすべてを資本金とするのが原則であるが、会社法に基づいて資本金としなかった部分は、資本準備金として分類される。資本準備金に含められる項目は、会社（商）法等によって限定的に規定されているため、払込資本の性質を持つもの以外の項目は「その他資本剰余金」として分類される。

払込資本を活用して獲得した利益の一部は、配当として株主に分配されるが、残額は留保利益（稼得資本）として企業内に蓄積される。これには、企業が過去に現金配当を行った都度、会社法の規定に従って設定した利益準備金と、法律の規制を受けることなく企業が自らの判断で任意に設定した任意

図表6-2 株式会社の純資産と資本

株主資本	資本金		
	資本剰余金	資本準備金（株式払込剰余金）	
		その他資本剰余金（減資差益、自己株式処分差益）	
	利益剰余金	利益準備金	
		その他利益剰余金（任意積立金、繰越利益剰余金）	
評価・換算差額等（その他有価証券評価差額金・繰延ヘッジ損失・土地再評価差額金）			
新株予約権			

出所：桜井久勝『財務会計講義〔第5版〕』中央経済社、2004年、254頁。

積立金とがある。留保利益の残りの部分は繰越利益剰余金となり、任意積立金と合わせて「その他利益剰余金」として取り扱われる。

以上のとおり、企業会計原則上の資本に関する規定は、何が資本となり何が剰余金となるか、その中身の性質が重視される。

2. 商法上における資本金・法定準備金規定の歴史的変遷

商法上、資本や法定準備金は第一義的には分配可能額算定のための概念である。資本とは会社財産を確保するための基準となる計算上の数額であると定義され、法定準備金も法律の規定により資本の部に計上することを要する計算上の金額と定義される。

（1）資本の計算基準の変遷

資本金は商法第284条ノ2で算定されてきた。その趣旨は、資本金の額が各会社において具体的にどのようにして算定すべきかの基準を定めたものである。資本金額は、原則として株式の発行価額をもって算定されるが、払込剰余金などの場合には、例外的に発行価額の一部が資本金に組み入れられない。資本金は登記及び貸借対照表において公示または表示される一定の抽象的な数額[34]である。

商法成立以来、額面株式の発行のみしか認められていなかったが、1950（昭和25）年の商法改正において、無額面株式が導入された。そして、第284

条ノ2第1項では、額面株式と無額面株式とを分け、無額面株式についてはその発行価額の全額が原則として資本金に組み入れられるとし、額面株式についてはその額面すなわち券面額のみが資本金に組み入れられるとした。そこで、額面株式の額面を超過する価額で発行したときは、発行価額の一部である券面額のみが、資本金に組み入れられ、他の部分（額面超過額）は資本準備金として積み立てられることになった。

第284条ノ2第2項は資本金に弾力性を持たせるために、株式の発行価額の一部を資本金に組み入れないことを容認する規定である。つまり振り分けの基準を設けている。株式の発行価額中、払込剰余金を無制限に認めると、会社債権者に対する担保の額、すなわちあるべき会社財産の額が適切に表示されなくなってしまうので、資本金と資本準備金の振り分けの基準が必要となった。第284条ノ2では、無額面株式については、発行価額の4分の3を資本に組み入れ、残った部分を準備金として積み立てることを規定した。

従って、額面株式の額面超過額は資本に組み入れず、資本準備金として積み立てるべきものとされ、他方、無額面株式については、発行価額の総額を資本に組み入れる事を原則とし、発行価額の4分の1を超えない額を資本に組み入れない事が容認された。このように払込剰余金と額面超過金は資本準備金として積み立てるべきものと定められた。よって、株式数の増減と資本の増減は一致せず、株金総額と資本額の関係は切断された。同時に機動的な資金調達を図るため、授権資本制度を採用することになった。なお、授権資本制度とは、定款所定の授権資本（発行予定株式数）の一部の株式引受のみで会社の設立を認め、その後は、取締役会が授権資本の枠内で新株を発行することができるとする制度である。

【昭和25年第284条ノ2】

第1項	会社の資本は本法の別段の定めがある場合を除くほか発行済額面株式の発行価額の総額とす
第2項	無額面株式についてはその発行価額の4分の1を超えざる額を資本に組み入れざることを得設立に際して無額面株式を発行するときはその最低発行価額を超える部分にしてその発行価額の4分の1をこえざる額につきまた同じ

1981（昭和56）年の改正で、額面株式についての額面超過額、無額面株式についての払込剰余金という別個2本立ての取り扱いを廃止し、いずれについても払込剰余金に統一した。すなわち、払込剰余金設定の限度額を、額面株式については、その発行価額の2分の1と発行価額のうち額面超過額のいずれか低い額とした。無額面株式については、その発行価額の2分の1を最高限度額とするが、設立に際して発行する無額面株式の場合は、発行価額の2分の1と発行価額のうち5万円超過額のいずれか低い額を最高限度額とした。この改正は、額面株式と無額面株式の接近を図ったもので、額面株式、無額面株式を問わず、発行済株式の発行価額の総額を「資本」とすることを原則としつつ、発行価額の2分の1を超えない額は「資本」とせずに資本準備金とすることができるものである。

　2001（平成13）年の商法改正で、額面株式が廃止された。設立時の株式の最低発行価額の規制も撤廃された。その理由は、額面があることで額面割れの会社は資金調達できないとの印象を与えること、設立時の株式の最低発行価額の規制が株式分割や企業再編時の機動性を損なう結果となっていたこと等である[35]。そのため、発行済株式の発行価額の総額を「資本」とすることを原則としつつ、発行価額の2分の1を超えない額は「資本」とせずに資本準備金とすることができるものとされた。

【平成13年第284条ノ2】

第1項	会社の資本は本法に別段の定ある場合を除くほか発行済株式の発行価額の総額とす
第2項	株式の発行価額の2分の1を超えざる額は資本に組み入れざることを得

（2）利益準備金規定の変遷

　第288条の趣旨は、利益準備金の積み立てについて定め、特にその財源・積み立て限度および積み立て率を明らかにしている。利益準備金とは、利益を財源として積み立てられる法定準備金である。ここに、法定準備金とは、商法上資本の欠損填補の目的で積み立てることを要する準備金であり、企業

の健全な発達と会社債権者保護のために認められた制度である。1950（昭和25）年の改正前商法のもとにあっては、法定準備金として単に毎期の利益のうち一定の法定割合以上を積み立てれば足りるものとしていたが、1950（昭和25）年の改正で企業会計原則における剰余金原則を導入し、法定準備金についてもその積立の財源の違いを基準に、これを利益準備金と資本準備金の二種に分けることにした。よって財源が資本取引である株式プレミアム（額面超過金）は、1950年改正まで剰余金として処分可能であったが、資本準備金として取扱われるようになった。

　1962（昭和37）年の改正で、資本の4分の1に達するまで、毎決算期における「利益の20分の1以上」を「金銭による利益の配当額の10分の1以上」積み立てなければならないとされ、積立基準が過重された。1974（昭和49）年の商法改正において、第288条は、中間配当制度が採用されたことに伴い、中間配当時にも「分配額の10分の1」を積み立てることを求める文言が追加された。2001（平成13）年の改正では、資本準備金と利益準備金の額との合計額が資本金の4分の1に達するまで積み立てることになった。従来、利益準備金として積み立てなければならない金額の限度は資本準備金の額にかかわらず、資本金の4分の1となっていたが、利益処分等の会社の経営における裁量の幅を狭めることがあるとの観点から、資本準備金と利益準備金を同等に扱うようになった。

【平成13年第288条】

> 会社は資本準備金の額と利益準備金の額と併せて資本の4分の1に達するまでは毎期決算期に利益の処分として支出する金額の10分の1以上を、中間配当を為すたびに分配額の10分の1を利益準備金として積み立てなければならない

（3）資本準備金規定の変遷

　第288条ノ2は、1950（昭和25）年改正で資本準備金に関する規定として設けられたものである。第288条ノ2条の趣旨は資本準備金の積立について定めるとともに、資本準備金の財源を示すことである。資本準備金とは、企業会計上のいわゆる資本取引から生じる剰余すなわち資本剰余金を源泉と

する法定準備金である。資本準備金制度は債権者保護のための制度として解されているが有力な反対説がある。すなわち、実質資本たる資本剰余金を源泉とする資本準備金も、同じく債権者保護の目的を有するのであれば、法定資本から分離して欠損填補に備えるより、むしろその全部を法定資本として扱う方が目的にかなうといえる。従って、実質資本の一部を法定資本よりも拘束の弱い資本準備金とすることを法が認めるのは、実質資本拘束の度合を段階的に構成し、これを法定資本との間の欠損填補をめぐる緩衝部分として、株主の利益保護および企業経営の便宜を考慮したものであるとされる[36]。

第288条ノ2において資本準備金の内容が明らかにされた。次のとおりである。

  1号 額面株式の額面超過金（株式プレミアム）
  2号 無額面株式の株式払込剰余金
  3号 財産の評価益
  4号 減資差益
  5号 合併差益

資本準備金の内容は、額面株式の額面超過金と無額面株式の株式払込剰余金が分かれて存在していたことに特徴がある。額面株式の額面額は資本構成単位としての意義を持ち、会社が額面株式を発行したときは発行価額の如何を問わず額面総額が法定資本と把握された。そのため、額面以上の発行価額で額面株式を発行したときの、その超過額（株式プレミアム）は株主の拠出にかかる実質資本として資本準備金の財源の一つとされていた。また、無額面株式の発行価額中資本に組み入れられない額は、その性質において額面超過額と異なることがないので資本準備金の財源項目となった。

1962（昭和37）年の改正で、第3号の財産の評価益を削除したが、これは原価主義が評価原則とされたことによるものである。また、合併差益のうち、合併前の利益準備金および留保利益に相当する額を資本準備金としない処理を追加した。

1981（昭和56）年の改正では、第1号の額面超過額が「株式の発行価額中資本に組入れざる額」となり、第2号の無額面株式発行にかかる規定が削除された。これは、額面株式、無額面株式のいずれについても、原則として、発行済み株式の発行価額の総額を会社の資本に組み入れるべきものとされた。ただ、発行価額の2分の1を超えない額については、取締役会の決議によって資本に組み入れず払込剰余金を設けることが認められることになった。その結果、額面株式も時価発行したときは、無額面株式の資本組み入れと同じ方法をとることになり、資本組入れ額は発行の都度異なる。その意味では額面株式といっても本質的には無額面株式化したものいえる。よって、資本準備金の財源項目は、両者を一本化して、株式の発行価額中資本に組み入れざる額としたのである。

2001（平成13）年の改正により、資本準備金の構成が変化し、第288条ノ2第1項において資本準備金は以下の6項目となった。

　　a　株式払込剰余金
　　b　株式交換差益
　　c　株式移転差益
　　d　新設分割差益
　　e　吸収分割差益
　　f　合併差益

2001（平成13）年の商法改正によって、減資差益は資本準備金に含められないこととされ、配当可能限度額に含められることになった。つまり、減資差益は商法改正前まで維持すべき資本であったが、この改正で配当可能な剰余金となった。また、新たに、株式交換差益、株式移転差益、新設分割差益、吸収分割差益が資本準備金に加わることとなった。株式交換差益は、株式交換が利益の増減以外の原因により資本増減が生じる資本取引として位置付けることができるため、資本準備金として積み立てが強制された。同様に、株式移転差益の場合についても、設立される完全親会社の資本の限度額

が、現実に定められた完全親会社の資本の額を超えるとき、その超過額は資本準備金として積み立てなければならない。新設分割差益は合併差益と同様に資本の額の修正の結果生じるものであり、利益とすることが妥当でないため資本準備金として積み立てることとした。株式払込剰余金は以前から資本準備金を構成しており、株主から払い込まれたものであるため、資本準備金として積み立てなければならないものとされた。合併差益も、以前から資本準備金を構成しており、資本修正の結果生ずるものとして、資本準備金として積み立てなければならないものとされた。

(4) 法定準備金の使用の規定の変遷

第289条の趣旨は、法定準備金の使用について定めたことにある。第1項では、法定準備金は資本の欠損の塡補にあてる場合以外にこれを使用する事はできないが、例外的に資本への組み入れを認めた規定である。また第2項では、1950 (昭和25) 年商法改正で資本準備金と利益準備金を明確に分けたことから、本条はその使用に関する優先順位を法定したものである。このように使用の順位を法定したのは社会の財政的基礎を強固にし、準備金をなるべく多く保有させるために、再び積み立てる確率の高い利益準備金をまず使用させまた、資本性の資本準備金の方が維持拘束性が強く、やむおえない場合に資本準備金を取り崩すことが適当と考えられたためである[37]。よって、資本の欠損が生じた場合、先に利益準備金を取り崩し、それでも補えない場合は、資本剰余金を取り崩すようにした。

【昭和25年第289条】

第1項	前2条の準備金は資本の欠損の塡補に充つる場合を除くほかこれを使用することを得ずただし第293条ノ3第1項に規定する場合はその限りにあらず
第2項	利益準備金をもって資本の欠損の塡補に充つるもなお不足する場合にあらざれば資本準備金を以ってこれに充つることを得ず

2002 (平成14) 年の改正前まで、第289条は資本の欠損塡補のために法定準備金を取り崩すときは、まず利益準備金を取り崩し、それでも不足する場

合でなければ資本準備金を取り崩すことはできないとされてきた。しかし、2001（平成13）年6月に第288条が改正されたことに対応して、この規則は削除されている。つまり、利益準備金と資本準備金の取り崩しの優先順位がなくなった。

そして、2002（平成14）年の商法改正で、資本準備金の取り崩しが新たに規定された。第289条第2項において、株主総会の決議をもって資本準備金及び利益準備金の合計額から、資本の4分の1に相当する額を控除した額を限度として資本準備金又は利益準備金を減少することができるようになった。取り崩された資本準備金は配当の財源に加えることができる。かつて、取り崩すのなら利益準備金を優先して取り崩しが行われたが、今回の改正で、その利益準備金と資本準備金に取り崩しの優先順位はなく同列に取り扱われることとなった。この改正の趣旨は以下のとおりである。法定準備金よりも拘束性の強い資本については、減少手続きが認められていることに対し、法定準備金には認められないのは不均衡であると指摘された[38]。また、利益準備金を含む法定準備金は、会社債権者を保護するための会社の純資産額が資本の額を下回る事態が生じるのを防ぐ性格がある[39]。しかし、時価による増資が一般化したことにより、会社内部に法定準備金が多額に積み立てられた会社において、さらに利益準備金の積立を強要することは、過剰な規制であるとの指摘があった[40]。また、法定準備金を株主への分配、自己株式買受の財源、減資差損の消去等に利用したいとのニーズがあり、その柔軟な活用を望む声があったことに対応したものであった[41]。なお、資本準備金の取り崩しには債権者保護手続きを経る必要がある。

【平成14年第289条】

第1項	資本準備金又は利益準備金は資本の欠損の塡補に充てる場合を除くほか使用してはならない。ただし、資本組入れの場合は除く
第2項	会社は前項の規定にかかわらず株主総会の決議をもって資本金準備金および利益準備金の合計額から、資本の4分の1に相当する額を控除した額を限度として資本準備金又は利益準備金の減少をすることができる。この場合においてはこの決議において減少すべき資本金準備金又は利益準備金の額および

		以下に掲げる各号の金額に付き決議をする必要がある
	第1号	株主に払い戻しをする場合、払い戻しに必要な金額
	第2号	資本の欠損に充てる場合、填補に当てるべき金額
第3項		前項の場合において各号に定める金額の合計額は減少すべき資本準備金および利益準備金の額を超えてはならない

第6章小括

　本章では、保守的で恣意的な会計を容認する企業会計原則の規定を中心に概観してきた。保守的な会計制度は、企業の内部蓄積を強化し、利益を縮小する効果がある。利益の縮小は、確定決算基準との関係から課税ベースの縮小につながる。そのため、法人課税の優遇にもつながる。

　企業会計原則が設定され、引当金規定が創設された。引当金は、戦前では積立金として処理され、損金算入はされなかったが、保守主義を根拠として企業会計原則上に認められ、法人税法上でも一部容認されていた。内部留保の蓄積と課税ベースを縮小させる引当金制度が法人税法本法の中で受け入れられた。

　減価償却においても企業会計原則に規定される。定率法や租税特別措置法上の特別償却は、加速的な償却を促進するものである。また、加速的な償却は、償却の初期に費用を拡大し、課税を延期する。加速的な償却は、実質上、償却費を拡大することによって利益を縮小することになる。したがって、この加速償却の実施が可能になるには、莫大な利益が前提となり、この前提は独占的な大企業によって満たされていることは言うまでもない。高い利益を上げ、投資を継続し、償却費の増加を損金化できる企業に限ってキャッシュ・フローを増やし、投資資金を充実させて、「強い企業」がより「強くなる」企業体質をつくる結果につながる。

　戦前まで課税されていた資本準備金（株式払込剰余金）は、企業会計原則の

設定や 1950（昭和 25）年商法改正に伴って非課税となった。企業会計原則で「資本取引と損益取引区別の原則」が一般原則の中に規定され維持すべき資本について明確に規定したためである。1950（昭和 25）年商法改正では利益準備金と資本準備金を明確に分類し、法人税法改正においては資本取引により生じた剰余金については課税しない措置がとられた。しかし、2002（平成 14）年商法改正により、資本準備金は利益準備金と同等の順序で取り崩しが可能となり、配当することが可能となった。

　以上のように引当金規定と減価償却規定と資本準備金規定についてそれぞれを概観してきたが、どの規定も課税ベースを縮小させる効果があった。

注

1. 宮上一男『企業会計制度の構造』森山書店、1959 年、3 頁。
2. 同上書、6 頁。
3. 同上書、8 頁。
4. 同上書、146 頁。
5. 同上書、167 頁。
6. 野中郁江『現代会計制度の構図』大月書店、2005 年、27 頁。
7. 黒沢清『近代会計学』春秋社、1964 年、316 頁。
8. 同上書、317 頁。
9. 小栗崇資、谷江武士、山口不二夫編著『内部留保の研究』唯学書房、2015 年、3 〜 31 頁。野中郁江、前掲書、16 頁。
10. 同上書、15 〜 16 頁。
11. 吉川了平「商法引当金規定と負債性引当金」『立命館経営学』第 34 巻第 5 号、1996 年 1 月、176 頁。吉川は 1962 年に創設され 1981 年に改正された商法による引当金規定の基本的な性格を検討している。
12. 遠藤孝『財務会計制度の展開』森山書店、1980 年、208 頁。
13. 吉川了平、前掲論文、176 頁。
14. 遠藤孝、前掲書、209 頁。
15. 同上書、209 頁。
16. 佐藤孝一「引当金の基本的特質」『企業会計』1964 年 6 月、67 〜 69 頁。
17. 吉川了平、前掲論文、176 頁。
18. 河合信雄『財務諸表新論〔第 3 版〕』東洋経済新報社、1983 年、255 〜 256 頁。

19　カタカナはひらがなに変換している（以下の条文も同じ）。
20　蓮井良憲、田村茂夫、片木晴彦、小林量、末永敏和、川村博文、西山芳男『会社会計法』中央経済社、1991 年、116 頁。
21　吉川了平、前掲論文、178 頁。
22　角瀬保雄『経済民主主義と企業会計』税務経理協会、1978 年、99 ～ 102 頁。
23　野中郁江、前掲書、29 ～ 31 頁、野中は 1974 年 2 月の参議院法務委員会の審議を取り上げて、注解 14 の新設の経緯を示している。
24　吉川了平、前掲論文、178 頁。
25　蓮井良憲、田村茂夫、片木晴彦、小林量、末永敏和、川村博文、西山芳男、前掲書、120 ～ 121 頁。
26　遠藤孝『引当金制度の展開』森山書店、1998 年、109 ～ 110 頁。
27　山本守之『体系法人税法〔31 訂版〕』株式会社税務経理協会、2014 年、523 頁。
28　飯野利夫『財務会計論〔三訂版〕』同文館、1993 年、7-11 ～ 7-12 頁。
29　大橋英五『経営分析』大月書店、2007 年、同上書、79 頁。
30　同上書、79 頁。
31　黒沢清、前掲書、299 頁。
32　同上書、299 頁。
33　同上書、299 頁。
34　弥永真生『「資本」の会計』中央経済社、2003 年、9 頁。
35　神田英樹・武井一浩編著『新しい株式制度』有斐閣、2002 年、124 頁。
36　服部栄三・星川長七編『基本法コンメンタール新版会社法 2』日本評論社、1982 年 60 頁。
37　同上書、63 頁。
38　上田栄治『平成商法改正ハンドブック〔平成 13 年～平成 15 年版〕』三省堂、2004 年、403 頁。
39　同上書、403 頁。
40　同上書、403 頁。
41　同上書、403 頁。

第7章 法人税制による会計のゆがみ

はじめに

本章では、大企業を優遇する税制を導いた原因について、法人税法の独自の規定による租税特別措置と受取配当益金不算入制度の基礎となる法人擬制説を取り上げて検討する。

第1節 政策減税としての租税特別措置

1. 租税特別措置の特質と問題点

租税特別措置とは担税力その他の状況が同様であるにもかかわらず、なんらかの政策目的実現のために、特定の要件に該当する場合に、税負担を軽減あるいは加重することを内容とする措置のことであり、このうち特に問題となるのは、税負担を軽減する租税特別措置である[1]。また、租税特別措置法とは単独法（所得税法、法人税法等）に対する特別法として、租税の減免または繰延べを措置する法律である。租税特別措置法に規定される特別措置は、特定の個人または法人の税負担を軽減することにより、経済政策・社会政策

等の特定の政策目的を実現するための政策手段の一となる[2]。

しかし租税特別措置は、担税力の観点からは同様の状況にあるにもかかわらず、税負担の上で特別の利益を与えるものであるため、公平の要請に正面から抵触することになる[3]。個別の租税特別措置ごとに特別措置の有用性が判断されるべきであるが、金子宏によれば、この判断にあたって主に問題となるのは、「①その措置の政策目的が合理的であるかどうか、②その目的を達成するのにその措置が有効であるかどうか、③それによって公平負担がどの程度に害されるか、等の諸点である[4]」。

また、租税特別措置は第5章第1節でも確認したが、大企業に偏在し、大企業の租税負担を合法的に軽減する。租税特別措置は経済的には「隠れた補助金」(租税の免除)、「隠れた利子補給」(課税の延期)である。後者は、短期的には利子補給とみなければならないが、さまざまな課税延期措置が同一の継続企業に恒常的に適用されるのが通例であるので、この分を含めて租税特別措置の全体を「隠れた補助金」としてとらえることができる[5]。

2. 租税特別措置における議論と変遷

租税特別措置は、特定の政策目的のためのインセンティブ効果として、特定の経済部門ないし国民層に対する租税の軽減免除を行うものである。したがって、インセンティブ効果を得るために、同じ経済的地位にある者に対しては同じ負担という、いわゆる租税負担公平の原則を大なり小なり犠牲にするという性格を有する[6]。この基本的な考え方にもかかわらず、租税特別措置が存置または新設されるためには、まず、税制以外の措置で有効な手段(補助金ないし財政配慮の交付等)がないかどうかを検討し、他に適当な方法が見出しえない場合に限られるべきである。政府税制調査会の「『今後におけるわが国の社会、経済の進展に即応する基本的な租税制度のあり方』についての答申」(1964〔昭和39〕年)では、少なくとも次の3つのテストを厳格に経たうえでなければ租税特別措置の新設をしてはならないと報告している。

「(イ) 政策目的自体の合理性の判定

　　その特別措置の目的が総合的な経済政策の観点から考えて合理的な意義を持つものであるかどうか、また、掲げられている政策目的が他の政策目的と抵触することはないか、つまり、経済政策全体として首尾一貫し調和のとれているものとなっているかどうかが検討されるべきである。

(ロ) 政策手段としての有効性の判定

　　第二の判定は、政策目的に対してその措置が果たして有効であるかどうかの検討である。政策手段の有効性が十分に確保されなければ、これを導入する意義に乏しいことは言うまでもない。

(ハ) 付随して生ずる弊害と特別措置の効果との比較衡量

　　租税特別措置には、さきに述べたように、負担公平の原則や租税の中立性を阻害し、総合累進構造を弱め、納税道義に悪影響を及ぼす等の弊害が生ずる。にもかかわらず特別措置の存在が是認されるのは、それによって弊害をカバーしてなお余りあるほど政策的効果が期待される場合に限られるべきことは言うまでもない。したがって、特別措置については、この付随して生ずる弊害の程度を十分に検討し、政策手段としての有効性とのバランスにおいて評価すべきである[7]」

以上のことから、租税特別措置は経済政策や産業政策との関わりの中でその有効性を検討し考察する必要がある。本節では経済政策や産業政策との関わりの中で租税特別措置の変遷を概観する。戦後、租税特別措置が経済的社会的役割を発揮してきたのは政府の産業合理化政策実施以降である[8]。租税特別措置の変遷を経済環境と産業政策に対応させて簡略化した表にまとめると図表7-1のようになる。

図表7-1 経済環境と産業政策に対応する租税特別措置

年	1945~55	1956~60	1961~70	1971~90	1991~2000	2001~
経済環境	戦後の復興と自立を目指した時代	高度成長の時代・経済が自立した時代	解放経済	高度成長の歪みが出現 安定成長	バブル崩壊後の停滞経済	グローバル化 国際競争力の強化
産業政策	復興と自立を目指した施策・産業合理化施策	高度成長を目指した施策・経済自立5カ年計画	産業・企業の国際競争力の強化	高度成長の歪みに対応した施策	規制緩和促進5カ年計画 公共事業投資	グローバル化・国際競争力の強化
産業政策に対応した租税特別措置	《設備の近代化・合理化の特別償却》	《研究開発促進のための特別償却》《技術導入促進のための技術等海外取引所得の特別控除》	《海外投資促進のための特別償却》《海外投資促進のための海外投資損失準備金》《企業体質強化のため合併した場合の税額控除》	《公害防止設備の特別償却》《エネルギー基盤高度化設備の特別償却》租税特別措置の整理・縮小化	租税特別措置の整理・縮小化	《研究開発促進税制》《IT投資促進税制》

出所:山内進『租税特別措置と産業成長――租税特別措置の効果分析』税務経理協会、1999年、53頁を参考に筆者が加筆。

3. 戦後の復興と租税特別措置

　戦後、日本の税制の最も大きな特徴は、その時々の経済政策もしくは社会政策上の必要に応じて、租税特別措置が数多く導入され、そしてそれらが頻繁に改廃されていることである。

　まず租税特別措置が急速に拡大された1950(昭和25)年から1956(昭和31)年までについて概観する。この時期の経済政策目的は、日本経済の自立達成であり、そのために企業と個人の貯蓄を奨励し、資本蓄積を推進するための政策がとられた[9]。1950(昭和25)、1951(昭和26)年以降に行われた租税上のさまざまな優遇措置、並びに「企業合理化促進法」による税法上の優遇措置(租税特別措置)が企業の合理化投資と資本蓄積を推進していく上で大きな効果をもった[10]。ここでは、1950年から1980年ごろまでの租税特別措置については、内山進の整理を参考に考察する[11]。

　1952(昭和27)年3月には「企業合理化促進法」が制定された。この法律に基づき、租税特別措置法上、特定産業の近代化機械設備等について初年度

の2分の1償却を認める特別償却制度、及び特定の試験研究用の機械設備についての特別償却制度が同時に創設された[12]。償却の初期に多額の減価償却費を計上できる制度である。1950（昭和25）年以降の産業合理化政策の下では「合理化促進法」の適用業種が定められ、電力、石炭、工業、海運、鉄鋼、肥料、造船などの主要産業の合理化が進められていった。この合理化は、設備の近代化、技術開発の促進を目的としていた。しかし、それが次第に変形され、設備の近代化、技術開発の促進を目的とした租税特別措置とは異なる租税特別措置が広範囲にわたって実施されていった。その例として1951（昭和26）年に退職給与引当金と価格変動準備金が特別措置として適用され、1952（昭和27）年には渇水準備金や違約損失準備金にも特別措置は適用された[13]。

4. 高度経済成長と租税特別措置の拡大

　1955（昭和30）年12月に経済自立5カ年計画が出され、1956（昭和31）年の神武景気と1959（昭和34）年の岩戸景気による高度経済成長期の課題は、重化学工業を中心とする生産力の増強と技術革新にあった。そのための手段として特別償却制度の著しい拡充が行われた。

　1957（昭和32）年の税制改正の基礎となった1956（昭和31）年の臨時税制調査会の答申により、初めて特別措置の整理合理化の方針が打ち立てられたが、いくつかの租税特別措置について一部整理されたのみであった。一方においては新たな租税特別措置が次々と設けられた。1956（昭和31）年に技術等海外取引の特別控除が設けられ、1958（昭和33）年には研究開発促進のため新技術企業化用機械設備の特別償却が設けられた。この時期に個別産業の育成のため個別産業立法が制定され、1956（昭和31）年には繊維工業設備等臨時措置法と機械工業振興臨時措置法、1957（昭和32）年には電子工業振興臨時措置法が制定された。これらの個別産業立法は①各産業の合理化の方向と誘導目標を定め、②税制上の優遇措置ないし、国家による利子補給あるいは低利の国家資金を投入して、機械設備の合理化、近代化を促進するこ

とを意図したものであった[14]。

5. 開放経済体制への移行に対する租税特別措置の整備

1961（昭和36）年以降になると、「開放経済体制」への対処という政策目的の下で、企業体質改善、自己資本充実に重点が移行し、特別償却制度、準備金制度の拡大が行われ、また、法人に対する配当軽課税措置が導入された[15]。1960（昭和35）年に「国民所得倍増計画」が策定され、1960（昭和35）年代の10年間の経済成長率は、10％を超えるものであった。この期間は、わが国の経済が本格的な開放経済体制への移行を実現した時代でもあった。他方この時期には、高度経済成長のひずみという形で指摘された過疎過密の激化、それに伴う大都市の交通難・住宅難・公害等に対処するための特別措置が増加してきた[16]。

1960（昭和35）年には「貿易為替自由化計画」が決定され、このような開放経済体制への移行過程において、産業・企業の国際競争力の強化が産業政策の重点となった[17]。1963（昭和38）年の産業構造調査会[18]の「産業構造政策の方向と課題答申」の中心は産業構造高度化を目的とした規模の利益の追求による国際競争力の強化、基礎物質の低廉安定供給、軽工業の高度化による輸出の拡大等を図ろうとするものであった[19]。

さらに、1966（昭和41）年頃になると、「資本自由化」への対処が目標となり、日本企業の国際競争力を強化すべく、企業合併の促進、スクラップ化の促進のための特別措置が設けられている。また、国際競争力強化のために、輸出所得控除はGATT（General Agreement on Tariffs and Trade）の輸出補助禁止に反するという結論のために廃止され、その代替物として輸出特別償却と海外市場開拓準備金や海外投資損失準備金が設定された[20]。

その後においては、環境改善、地域開発、資源開発、あるいは協業化による中小企業の構造改善、さらには、土地政策、地価対策等に重点が置かれるようになってくる。1963（昭和38）年には中小企業の近代化を促進するため「中小企業近代化促進法」が制定され、1967（昭和42）年には公害防止基本法

が制定され公害防止設備の特別償却の特別措置が設けられた[21]。

引当金は1964（昭和39）年に法人税法の本法に規定され、特別措置からはずされた。

6. 租税特別措置の整理縮小化（1970〔昭和45〕年代）

1970（昭和45）年頃は開放体制に移行し、国際競争力の強化もおおむね終了し、高度成長も終わって低成長に入り、高度成長に伴う弊害の顕在化等に対応して新たな対応が迫られた時期であった[22]。この時期の産業政策は輸出入管理、外資導入規制等の国内産業を保護する制度と、特定産業に対する財政投融資資金の投入、減免税等の租税特別措置、生産・価格・投資等のカルテルの容認等の国内産業を育成・誘導する制度とを中核としたものであった[23]。1973（昭和48）年のオイルショックを経て1979（昭和54）年のエネルギー使用合理化法により、エネルギー対策投資促進税制として、エネルギー基盤高度化設備を取得した場合の特別償却、税額の特別控除などの租税特別措置が設けられた。1973（昭和48）年には無公害防止生産設備の特別償却が創設された。技術開発対策として1972年に技術等海外取引所得控除が、情報化対策として1970（昭和45）年に電子計算機特別償却、1972（昭和47）年にはプログラム準備金が設けられた。さらに、1978（昭和53）年には特定機械情報産業振興臨時措置法に基づいて機械情報産業に対して重要複合機械の特別償却が、1975（昭和50）年には特定産業構造改善臨時措置法により特定産業構造改善用設備の特別償却が設定された。

一方、1975（昭和50）年以降に特別措置は整理合理化される。その理由として、低成長のため特別措置の課税繰延は企業にメリットが薄れたこと、並びにオイルショック以後の国債発行赤字等がある[24]。またこの時期において、税への不公平への批判が強く出されるようになった点が挙げられる。1977（昭和52）年の税制調査会の答申では、「一般消費税」導入の提案を行っている。

租税特別措置のもたらす問題点については、国会においても問題となり、

議論がなされた。1971（昭和46）年3月24日に衆議院大蔵委員会では、所得税法、法人税法、租税特別措置法の一部改正案を原案どおり採決するとともに、この中で租税特別措置については次のように述べている。「租税特別措置は、常にその政策目的の合理性、政策手段としての有効性などについて慎重な検討を行い、租税負担の公平の原則のバランスに配慮しつつ、その整備合理化を図るべきである[25]」。

「租税特別措置法の一部を改正する法律案」を修正の上採択した1972（昭和47）年4月3日の衆議院大蔵委員会では、租税特別措置について次のように指摘している。「現行租税特別措置は、極めて複雑多岐にわたり、長期化、慢性化したものもあり、租税公平の観点から見て問題である。政府はこの際、制度全般について根本的にあらい直しを行い、整理縮小に努めるべきである。期限の定めのない特別措置については、原則として、改廃する立場で再検討し、特例的なものを除き、適正な期限を付するよう改正を図るべきである。租税特別措置の減収見込み額については、随時その実績の把握に努め、その正確性の確保を図るべきである[26]」。

さらに1977（昭和52）年の秋になされた政府税制調査会の「今後の税制のあり方の答申」においても、「税負担の公平確保の必要性」を認識し、次のように指摘している。「税制面における公平の観点から、いわゆる不公平税制の是正という場合、例えば、法人受取配当の益金不算入制度の廃止や法人税に累進税を導入することが不公平税制の是正の主眼であるとの主張が見受けられる等、論者によってその内容が区々であり、往々にして議論の混乱が生じていると考えられるので、この際改めてその概念を明確にしておくことが必要である。当調査会は、特に1975（昭和50）年8月以降この問題を取り上げ、いわゆる租税特別措置およびこれまで不公平税制として批判対象とされたことのあるものすべてを包括的に取り上げた上で十分に時間をかけて検討した。その結果、これを（イ）特定の政策目的に資するという租税政策上の配慮がなかったとすれば、税負担の公平、その他の税制の基本的原則からは認め難いと考えられる実質的な意味での特別措置（以下、便宜〔政策税制〕という）と（ロ）それ以外の制度（たとえば、法人受取配当の益金不算入制度等）と

に区分整理して、1976（昭和51）年度の答申を行ったところである。当調査会としては、今後とも、税制における不公平の是正を図るにあたっては、この区分を基準として、政策税制の整理合理化を進めることが最も妥当な方針であると考える[27]」。こうして租税特別措置の整理合理化が進められて行き、1976（昭和51）〜1982（昭和57）年までの廃止件数は35、縮減件数は51であった[28]。

7. 税制改革と租税特別措置

　1980（昭和55）年代前半は、赤字財政の下での「財政再建」を進めるため、租税政策においても、歳入の確保を目的とした新しい税制が追求されていた。1980（昭和55）年の『中間答申』では、租税特別措置を「政策税制」とそれ以外の制度（本則に吸収すべき性格）とに分けて、政策税制については「常時、個々の政策目的と税制の基本原則との調和を図るという見地に立って吟味しなければならない」との見解を示している。具体的には、配当軽課制度や法人の受取配当益金不算入制度は「法人税の基本的仕組みに係る問題である」との考えを示している。

　他方、「増税なき財政再建」を目的として新設された臨時行政調査会（1981〔昭和56〕年3月設置）は、『第1次答申』において、「税負担の公平確保は極めて重要な課題であり、制度面、執行面の改善に一層の努力を傾注する必要がある」として、とくに租税特別措置について「厳しい見直し」をすべきもの[29]として、その見直しの「規準」として次の5点をあげている。①適用期限の到来するもの、②制度創設以来長期にわたるもの、③政策目的の意義が薄れたもの、④利用状況が悪く政策効果の期待できないもの、⑤その他当該措置の実態に照らして是正を行うことが適当なもの、である。

　1987（昭和62）年から1988（昭和63）年にかけて、高齢化社会の到来などを見据え、所得・消費・資産等の間でバランスのとれた税体系の構築を図るため、シャウプ勧告以来の抜本的な税制改革が行われた。具体的には、旧来の個別間接税が廃止され、消費税が創設された。その一方で、個人所得課

図表 7-2　1987（昭和62）年・1988（昭和63）年税制改革の内容

	税制改革の概要
1987年 9月改正	○所得税 ・税率構造の緩和（10.5～70％・14段階→10.5～60％・12段階）、配偶者特別控除の創設等による所得税の減税 ・利子課税制度の見直し（マル優等の原則廃止、源泉分離課税の導入）
1988年 12月改正	○所得税 ・税率構造の簡素化（10～50％・5段階）、人的控除の引上げ ・株式等譲渡益の原則課税化 ・資産所得の合算課税制度の廃止 ・社会保険診療報酬の所得計算の特例の適正化 ○法人税 ・税率の引下げ（42％→40％→37.5％） ・配当軽課税率の廃止 ・法人間の受取配当の益金不算入割合の引下げ ・外国税額控除制度の見直し ・土地取得に係る借入金利子の損金算入制限 ○相続・贈与税 ・諸控除の引上げ ・税率適用区分の拡大及び最高税率の引下げ（75％→70％） ・配偶者の負担軽減措置の拡充 ・法定相続人の数に算入する養子の制限 ・相続開始前3年以内に取得した土地等についての課税価格計算の特定の創設 ○間接税制度 ・物品税、トランプ類税、砂糖消費税、入場税および通行税の廃止 ・消費税（税率3％）の創設 ・酒税、従価税・級別制度の廃止、酒類間の税負担格差の縮小および税率調整 ・たばこ消費税、名称の変更（旧名：たばこ税）、重量課税への一本化および税率引き下げ ○その他 ・有価証券取引税の税率引下げ ・印紙税、物品小切手等の5文書を課税対象から除外

出所：和田八束『租税特別措置　歴史と構造』有斐閣、1992年、122頁。

税の税率構造について累進緩和・簡素化が図られた。同時に、利子課税の見直し等により資産性所得に対する課税が適正化された。1987（昭和62）年・1988（昭和63）年税制改革の内容を示すと図表7-2のようになる。

第2節 1998（平成10）年と1999（平成11）年法人税制改正

1. 規制緩和と税制改革

1990（平成2）年6月28日に日米問題構造協議最終報告書が提出された。当該報告書は、「日米双方の重要かつ広範な努力及び措置を含む歴史的文書であると信ずる。これらの措置は、多数国間協議の場を通して採られた政策協調努力を補完し、国際収支不均衡の削減に寄与すべきものである。この観点から、両国の大幅な国際収支不均衡には近年顕著な削減が見られた中で、両国政府はそれぞれの国の国際収支不均衡の重なる削減に努めることに強くコミットしている。上述の措置はまた、日・米双方において、より効率的、開放的、かつ競争力のある市場をもたらし、持続的経済成長を促し、生活の質的向上を導くものと思われる[30]」とし、貯蓄・投資パターン、流通、排他的取引慣行の項目別に日本側の措置を要求したものである。ここに流通に係る規制緩和を進める措置や、今後の公共投資の在り方については高齢化社会が到来する21世紀を見据えて着実に社会資本整備の充実を図ってく必要性や、公正かつ自由な競争を維持・促進するために独占禁止法の強化や輸入促進策などの規制緩和が示されている[31]。

1994（平成6）年には、少子・高齢化の進展などに対応するため、活力ある福祉社会の実現を目指す視点に立ち、個人所得課税の税率構造の一層の累進緩和などにより、主に中堅所得者層の負担軽減が行われた[32]。他方、消費課税の充実を図るため消費税率を5％（新たに創設された地方消費税1％分を含む）に引き上げるとともに、中小事業者に対する特例措置等の抜本的な見直しが行われた。その際、経済状況に配慮して、消費税率の引上げ等を1997年4月実施と先に延ばしつつ、個人所得課税については、1995（平成7）年以降に制度減税、1994（平成6）年から1996（平成8）年に特別減税が実施され、先行減税が行われた。

2. 課税ベースの拡大と実効税率の引き下げ

　1997（平成9）年秋以降、金融システム不安等が実体経済に深刻な影響を及ぼし、その結果、1998（平成10）年には実質経済成長率がマイナスとなるなど、わが国の経済は深刻な状況に陥り、景気回復を図る観点から税制面でも最大限配慮することが求められた。このため、1998（平成10）年と1999（平成11）年における税制改正により、法人税における抜本的な改革が実施された。「平成10年度の税制改革に関する答申」（1997〔平成9〕年12月16日）における改革の根本的な考え方は、一貫して、「税率の引き下げと課税ベースの拡大」を同時に実施する、つまり税率の引き下げの財源を課税ベースの拡大に求めるという発想であった。法人税の基本税率は37.5％から30％に引き下げられることとなり、この結果、この2年間で、法人税の基本税率が7.5％と、大幅な引き下げが行われた。この改正による法人税の課税範囲の主な拡大事項は図表7-3となる。

　税制調査会法人課税小委員会は課税ベースの問題を中心に検討を行うことを目的として設置された委員会であり、同委員会報告において課税ベースの拡大の議論が報告されている。また課税ベースを拡大しつつ税率を引き下げる方向に沿って、法人課税の見直しを提案する報告書となっている。この委員会の報告によると、新会計基準を税制に取り入れることの限界を次のように述べている。

　「近年の国際的な会計基準の動向をみると、費用収益対応の考え方に立って企業の財政状態や経営成績を測定・開示する方法から決算期末の資産・負債の金額を確定することによってこれらを測定・開示する方法に比重が移ってきている。今後、我が国企業会計においても、こうした会計処理方法が採り入れられていく可能性がある。この方法によれば、従来以上に資産・負債を確定するために見積りの要素が増え、また、長期の潜在的な債務についてもできる限り財務諸表に計上することが求められることになると考えられる。しかし、こうした情報開示のための企業会計上の要請と、公平性、明確性という課税上の要請には違いがあるので、税制が企業会計上の処理に合わ

図表7-3　1998（平成10）年と1999（平成11）年税制改正

1　引当金
- 賞与引当金、製品保証等引当金を6年間かけて廃止
- 貸倒引当金の法定繰入率は経過措置を設けて廃止し、実績率基準のみに限定
- 退職給与引当金の累積限度額を期末要支給額の20%（改正前40%）相当に圧縮
- 特別修繕引当金の繰入限度額を現行の4分の3とする等の見直しを行い、特別修繕準備金に改組

2　減価償却
- 新規取得の建物の償却方法は、定率法との選択制を改めて定額法のみに一本化
- パソコン、机など少額減価償却資産で取得価額が20万円未満の場合には供用時に損金扱いできる制度を、10万円未満に変更
- 初年度2分の1簡便償却制度を廃止
- 営業権の償却方法を任意償却から5年均等償却に改正

3　有価証券の評価
- 上場有価証券の評価方法につき切り放し低価法を廃止し、洗い替え低価法のみに改正

4　収益
- 工事収益の計上方法につき工事期間が2年以上で請負金額50億円以上の長期請負工事は、工事完成基準の適用を認めず、工事進行基準のみとすることに改正
- 割賦販売等の販売収益の計上につき割賦基準の選択制度を廃止

5　費用
- 中小企業の交際費につき定額控除枠内の交際費の損金不算入割合を10%から20%に拡大
- 役員の親族等である使用人に対する過大な給料・退職給与につき損金算入を否認する制度の設定

出所：富岡幸雄『税務会計学原理』中央大学出版部、2003年、1565頁。

せることには限界があると考える[33]」。

　この委員会報告を踏まえ、1998（平成10）年と1999（平成11）年の税制大改正が実施されたのである。

3. 租税特別措置の整理・合理化の問題

　2001（平成13）年税制改正では、法人課税の実効税率が国際水準並みに引き下げられたこと等を踏まえ、企業関係租税特別措置の整理合理化などの措置が講じられたとされている。

　租税特別措置に係る考え方については、1996（平成8）年11月に政府税制調査会法人課税小委員会が提出した「法人課税小委員会報告書」のほか、政府税制調査会「わが国の税制の現状と課題――21世紀に向けた国民の参加と選択」（2000〔平成12〕年7月）、同「平成13年度の税制改正に関する答申」

(2000〔平成12〕年12月）にも示されている。

　政府税制調査会は、「わが国の税制の現状と課題——21世紀に向けた国民の参加と選択」において、「租税特別措置の整理合理化」について、次のように述べている。「当調査会は、累次の答申により租税特別措置の整理・合理化の必要性を指摘しており、各年度の税制改正においても整理・合理化が進められてきています。租税特別措置は、特定の政策目的を実現するための政策手段の一つではありますが、税負担の公平・中立・簡素という税制の基本理念の例外措置として設けられているものです。個人・企業の自由な経済活動を尊重し、それらの経済活動に中立的な税制とすることが求められる21世紀の経済社会の中で、特定の政策目的のために税制上の優遇措置という手段を用いることは極力回避されるべきであり、また、税制によって経済社会を誘導しようとすることにはおのずと限界があることを十分認識する必要があります。租税特別措置は、特定の企業の税負担を軽減するものであることから、政策目的自体に国民の理解が得られるか、政策目的達成のための手段として税制が適当か、といった視点を踏まえて、そもそも税制の基本理念の例外措置として値するものかどうか十分検討しなければなりません。この他、利用実態が特定の者に偏っていないか、利用実態が低調となっていないか、創設後長期間にわたっていないか、といった視点も含め、今後も十分に吟味を行い、徹底した整理・合理化を進めなければなりません[34]」。

　政府税制調査会は「平成13年度の税制改正に関する答申」において、「租税特別措置の整理合理化」問題につき次のように述べている。

　「租税特別措置・非課税等特別措置については、基本的に特定の者の税負担を軽減することにより、特定の政策目的を実現するための政策手段の一つですが、累次の答申で指摘しているように、公平・中立・簡素という原則に対する例外措置です。このため、そもそもその特定の政策目的自体に国民的合意があるのか、政策手段として税制を用いることが適当かなどについて、十分に吟味していくことが必要です。加えて、創設後長期間にわたっていないか、利用の実態が低調になっていないかといった観点から不断の見直しも必要です。特に、景気対策として講じられた措置については、経済情勢の変

化に応じた見直しが肝要です。以上のような観点を踏まえ、租税特別措置等については、引き続き徹底した整理・合理化を進めていくことが必要と考えます[35]」。

2001 (平成13) 年における企業関係租税特別措置の税制改正にあたっては、個々の特別措置について、その政策目的・効果等を洗い直し、整理合理化が行われた。具体的な整理合理化の状況は、次のようである。第一に項目数でみれば、廃止されたものが2項目、縮減・合理化されたものが32項目となった[36]。第二に内容的には、特定電気通信設備等の特別償却や医療用機器等の特別償却の拡充等、社会経済情勢の変化への対応のための措置が講じられる一方、中小企業等基盤強化税制について、卸売業または小売業を含む大規模法人を適用対象から除外する等、既存の措置について見直しが行われた[37]。

第3節 法人擬制説と受取配当益金不算入制度

法人擬制説の思考によると、受取配当が益金不算入となり、課税ベースが縮小する。第5章第3節でも触れたが、その額は大企業ほど大きい。法人擬制説は、所有と経営が未分離で、その実体が個人企業と異ならない中小企業には妥当するであろう。しかし、所有と経営が分離した大企業には妥当しないのではないだろうか。今日の大企業の運営や活動は個人株主の意思とは無関係に行われていることが実情であり、企業の運営や活動に対する個人株主の影響力は、著しく低下している。この傾向は法人の株式保有比率が7割以上に達するという現状のもとでますます顕著になりつつある。

金子宏の見解によれば「法人の受取配当の非課税は、合理的理由に乏しいと思われるのみでなく、法人の株式所有を促進し、ひいては消費者の利益を害するおそれがある。したがって、その廃止すなわち受取配当益金算入を検討すべきであろう[38]」としている。また、富岡幸雄の見解によれば「受取配当益金不算入制度は、中小法人に比べて大法人ほど受取配当が圧倒的に多

い状況から見て、大法人の税負担を軽減するための措置となっているが、その根拠が必ずしも明確ではない[39]」としている。市川深の見解によれば「受取配当の非課税措置に伴う現実的役割は、たんに課税所得計算上の問題にとどまらず、株式保有に有利な税制ができあがることによって、巨大な利益を獲得する大企業は余裕金を株式投資にまわして、収益性の安定をはかったほか、他方では株式投資による系列的支配を強化し、地位とその市場支配力を強め資本の集中と集積を高めた[40]」とし、「独占的大企業有利のカラクリの最たるもの[41]」としている。品川芳宣の見解によれば「受取配当益金不算入制度については、独立課税説の場合には、法人間の配当の授受については原則として課税調整を行う必要はないのであるから、当該制度を廃止し、受取配当を原則として他の収益と同様に扱うことが望ましい。但し、親子会社などの系列会社間の配当の授受については、企業間の課税の均衡を図る必要がある場合には、何らかの課税調整を必要とすることになろう[42]」としている。

　企業会計では、企業実体の公準に基づき企業利益が算定される。企業実体の公準は、近代的株式会社企業は出資者である株主の集合体としてではなく、株主から独立した別個のものであると考える前提である[43]。しかし、わが国の法人税法は、1949（昭和24）年のシャウプ勧告によって企業実体の公準とは異なった立場の個人源泉課税説（法人擬制説の思考）がとられ今日に至っていると指摘されている[44]。

　シャウプ勧告は、法人を個人の集合体と見て、個人企業との間に税負担上の公平を維持すべきことを基本的な出発点としていた[45]。

　企業会計と法人税法では企業の捉え方が根本的に異なっている。本節ではその違いについて検討し、法人擬制説を基礎にしてなされる二重課税排除措置の歴史的変遷について概観する。

1. 企業実体の公準と法人擬制説

　企業会計は企業実体の公準を前提としている。この公準は企業は株主の集

合体ではなく、株主から独立した別個のものと考えるという前提である。この前提によれば、会計上のあらゆる判断は、株主、すなわち、資本出資の立場からではなくて、企業の立場から行うことが要請されるものである[46]。一方で法人擬制説は、法人を株主の集合体として捉え、法人自体には担税力はないとし、法人税はあくまでも個人所得税の前払いとして捉える[47]。飯野利夫は法人税法における法人擬制説と法人実在説の思考について、以下のように述べている。

「『企業利益は資本主に帰属するもので、企業には利益は存在しない』という立場と、『企業利益は企業自体のものである』という立場の相違は、法人税法においては、個人源泉課税説と法人独立課税主体説との差異であらわれてくる。

前者の個人源泉課税説は、企業利益は資本主の所得と同じであると考える。したがって、企業利益に課税する法人税は、出資者である個人への所得税（資本主が法人である場合は法人税）と同じものとなる。税引後の利益の分配である受取配当に再び所得税（資本主が法人の場合は法人税）を課税すれば、それは資本取引に対して課税することと同じになり、資本主の利益に対する二重課税となる。

他方、後者の法人独立課税主体説によれば、企業利益は企業の所得であって、資本主の所得ではないと考える。したがって、配当は、企業に帰属する利益の株主に対する支払であるから、資本主にとっては所得として課税されることになる。

わが国の法人税法は、大正9年以来、法人独立課税主体説を採ってきたが、昭和24年シャウプ勧告によって個人源泉課税説が採られ今日に至っている[48]」。

飯野はシャウプ勧告以来、法人税法では法人擬制説がとられてきたと説いている。

新井清光、加古宜士は税務会計と企業会計の所得（利益）に差異が生じる原因の一つに法人擬制説を挙げ、以下のように指摘している。

「以上のような差異[49]が生ずる原因は、税務会計では、……租税政策上の

配慮が加わること、その所得概念（租税理論）について法人擬制説を採っていること、課税の公正性・公平性を図る必要があること、課税の透明性・簡便性・統一性などの実務的要請があることなどである[50]」。

新井、加古も法人税法は法人擬制説をとっていることを指摘している。

以上のように企業実体の公準では、企業を株主から独立した別個のものであると考えるため、企業利益は企業のものとなる。したがって、企業会計の利益には受取配当が含まれる。企業実体の公準と法人擬制説は、異なった立場をとっている。

2. 法人擬制説と法人実在説の意味

法人の捉え方には、法人擬制説と法人実在説という2つの異なる考え方がある。法人擬制説とは、法人税は所得税の前どりであるとする考え方である。法人を株主の集合体として捉え、法人自体には担税力はないとし、法人税はあくまでも個人所得税の前払いとして捉える。法人の所得に対して法人税を課し、さらに個人の配当所得に対して所得税を課せば二重課税となると考える。一方、法人実在説とは、法人税は法人の担税力に着目して課される独自の租税であるとする考え方である。法人を独立の法人格と認められた実体として捉え、経営者によって運営される独立の意思決定単位とし、法人自体が担税力を持つとする。

法人実在説をとれば、法人税は所得税とは異なる独自の租税となり、二重課税の調整の問題はおこらないが、法人擬制説をとれば、法人税は所得税の前どりとなり、二重課税の調整が必要となる。しかし、金子は「法人実在説も法人擬制説も、歴史的に形成されてきたものであって、そのいずれが正しいかを論断することは、そもそも不可能である。法人が実在するか擬制であるかは決め手のない問題であって、これを租税政策論の中に持ち込むことは議論を無用に混乱させるだけである[51]」と述べている。また、富岡は「法人所得課税の本質は、そのような抽象的な方法論（法人擬制説と法人実在説）だけによっては十分解明しえられない限界の存することを指摘しなければならな

い。ここにおいて、法人所得課税の構造についての現代的解明が試みられるべきであると考える[52]」としている。さらに税制調査会は、「法人の性格論（法人実在説あるいは法人擬制説）の負担調整のしくみのあり方を導きだそうとすることは、不毛でもあり、適当でもない[53]」と1980（昭和55）年の答申で述べている。以上の考察を前提として、次にシャウプ勧告以降の二重課税排除措置について検討を加えることとする。

3. わが国の二重課税排除措置の変遷

　1950（昭和25）年のシャウプ勧告による税制改正によって法人税の課税方式は根本的に改められた。シャウプ勧告では法人についての考え方を次のように述べている。「……根本的には法人は与えられた事業を遂行するために作られた個人の集合体である[54]」。このように法人を法人擬制説でとらえ、個人と法人との二重課税排除のために配当控除、法人と法人との二重課税排除のために受取配当等益金不算入の制度が導入された。その個人と法人との二重課税排除措置の内容は、法人所得に35％の法人税を課し、個人株主に受取配当の25％相当額の税額控除を認めるものであった。シャウプ勧告が提案した所得税の最高税率は55％であったため、最高税率の適用される配当所得に関する限り、二重課税は完全に排除される[55]。法人の所得を100とすると、それに対する法人税は35である。残りの65が最高税率の適用される個人に配当されたとすると、それに対する所得税額は35.75となる。この両者を合わせると、100に対する税額の合計は70.75となる。これから、配当65の25％、すなわち16.25を差し引くと税額は54.50となり最高税率に相当し、二重課税はほぼ完全に排除される[56]。金子はシャウプ勧告について「シャウプ勧告の主要な関心は、個人企業と法人企業との間の公平を維持し、あるいは不公平を排除することによって、税制の中立性（neutrality）を保つことにおかれていたのである[57]」と述べている。

　その後、1957（昭和32）年の改正で法人税および所得税の税率が改正されたのに伴い、配当控除率も改正され[58]、配当所得のうち1,000万円以下の所

得部分については20％に、1,000万円を超える所得部分については10％に引き下げられた。二段階の控除率を採用したのは、税額控除方式のもとでは、高額所得者の場合は二重課税の排除の程度が大きいが、低額所得者になるほどその排除の程度が少なくなる、という弊害を緩和しようとするものであった。しかし、この改正のもとでは、最高税率の適用される配当所得についても、二重課税は完全には排除されなくなった。その意味でわが国の配当所得課税の制度は、この改正によってシャウプ勧告の考え方から半ば離脱したと言うことができる[59]。

　法人税率が1955（昭和30）年の改正で40％になり、所得税率が1957（昭和32）年の改正で最高税率が70％になり、100の法人所得に対し40％の法人税が課され、残りの60に70％の所得税が課されると税額は42となり、10％の控除額6をマイナスすると税額は76となる。すなわち最高税率（5,000万円をこえる所得について70％）の適用される配当所得については6の超過負担を生じさせる。

　1961（昭和36）年の改正では、支払法人の側でも配当軽課の方式により、法人所得のうち配当に充てた部分に対する法人税率が28％に引き下げられ、それに対応して、所得税における配当控除率も20％・10％からそれぞれ15％・7.5％に引き下げられた。この制度は1960（昭和35）年12月の「第一次答申」（政府税制調査会）を受けて創設されたものであるが、同答申では、次のように述べている。「現在、企業の株式資本の充実を妨げている大きな原因の一つが税制にあるといわれている。すなわち、現在、法人の借入金に対する利子は、法人の所得の計算上損金に算入されるが、その支払配当は損金に算入されない。つまり配当は、企業が法人税等を支払った残りの所得から支払わなければならないから株式資本コストは、借入金に比して著しく高いものとなる。これが企業として増資よりも借入金を選ばせる大きな原因となっている[60]」と説かれている。すなわち、日本の法人の自己資本比率が戦前と比較して著しく低下した。その理由として「戦後、法人は急速な経済発展に伴い、多額の資金を必要としたが、それを自己資金＝株式発行によって賄う場合は、法人税の計算上配当が損金として控除されないのに対し、借入

金によって賄う場合は、その利子が損金として控除されるため、資金コストとしては前者の方がはるかに高くつき、それが法人として株式発行よりも借入金に依存せしめた理由である[61]」という見解が示された。しかし、金子は「高度経済成長の中で企業の資金需要がきわめて大きくなったが、証券市場がそれを賄うほど十分に発達しておらず、他方、わが国の高い貯蓄率に支えられて金融機関がきわめて豊富な資金をもっていたため、借入金への依存度が高まったのである[62]」と述べ、この見解が正しいかどうか疑問であるとしている。

　税制調査会の見解は大きな影響力をもち、やがて、自己資金のコストを引き下げ、自己資本比率を高めるためには、二重課税の排除措置として、配当税額控除方式の代わりに、支払配当損金算入方式を採用すべきであるという主張にまで発展していった[63]。その後、所得等の金額から支出した支払配当で、受取配当等益金不算入額を超える金額については法人税率を軽減し、自己資本の充実を図るとともに、配当の増加による投資意欲を喚起しようとしていたのである。

　この制度の創設によって、「配当の支払い段階における法人税と配当の受取段階における所得税（法人株主の場合は法人税）との間の税負担について、いわゆる配当に対する二重課税の一部を配当軽課制度、配当税額控除制度および受取配当益金不算入制度によって調整する仕組み[64]」となったのである。受取配当益金不算入制度はシャウプ勧告のもとでは全額が非課税とされていたが、1961（昭和36）年の改正により配当軽課措置[65]が採用されたのに伴い、法人の受取配当のうち、支払配当を超える部分については、その4分の1が益金に算入されることとなった。

　やがて1988（昭和63）年4月の税制調査会の「中間答申」は、「基本税率の引き下げとあわせて、配当軽課税率を段階的に廃止するのが適切である[66]」とした。さらに「シャウプ勧告当時と現在とを比べてみると、経済活動に占める法人企業の地位は格段に増大し、それに伴い、企業の経営形態や資金調達の態様にも著しい変化が生じている。具体的には、法人間での相互株式保有の増大、企業の安定株主志向などによる金融機関等による株式保有の拡

大、さらに近年は、いわゆる財テクによる投資目的での株式保有の増大等が進んでおり、この結果、法人企業による株式の保有割合が著しく高まり、最近時点では全上場会社株式の約4分の3を法人株主が保有するに至っている。このような企業をめぐる経済実態を踏まえると、現行の受取配当益金不算入制度については、負担調整措置としての本制度の趣旨は維持しつつも、経済実態に即した見直しを行うべきではないかと考えられる。この場合、親子会社間の配当のように、企業支配的な関係に基づくいわば同一企業の内部取引と考えられるものについては仮にこれに課税すると、事業を子会社形態で営むよりも事業部門の拡張や支店の設置等による方が税制上有利となり、法人間の垂直的統合を促すこととなる等、企業の経営形態の選択等に対して法人税制が非中立的な効果を持つという弊害が生じるおそれがある。これに対し、このような関係を有しない法人の株式は一種の投資物件という性格があり、また、企業の資産選択の実態を踏まえると、法人が投資対象として保有する株式に係る配当についてまで益金算入としなくてもよいのではないかと考えられる。……企業支配的な株式に係る受取配当については現行制度を維持することとするが、それ以外の配当については、法人企業による株式保有の増大や、最近における法人の資産選択行動の態様といった経済実態を踏まえ、益金不算入割合を段階的に80％まで引き下げることとするのが適当である[67]」。この結果、1988 (昭和63) 年の改正で配当軽課措置は廃止され、法人税率は37.5％に引き下げられ、特定株式等にかかる配当金については全額益金不算入とするが、特定株式以外の株式等（一般株式等）にかかる配当金については、80％相当額を益金不算入とすることに改められた。

2002 (平成14) 年の税制改正による受取配当の益金不算入制度の見直しは、連結納税制度導入に伴う税収不足を補う財源措置として浮上してきたものである[68]。受取配当益金不算入制度による一般株式等に係る配当等の益金不算入割合が80％から50％に引き下げられた。

そして2015 (平成27) 年税制改正で益金不算入割合がさらに引き下げられる（詳しくは10章）。

受取配当益金不算入制度を置く理由は、税制調査会の報告書で取り上げら

れるが、法人税制がいかにあるべきかという理論的裏付けによってなされているのではなく、その都度の税政策を配慮したものであった。

以上、シャウプ勧告以降の受取配当益金不算入制度について概観してきた。受取配当益金不算入に係る税制の改正は、法人擬制説の見直しや法人税制がいかにあるべきかを検討してなされてきたものではない。企業の自己資本比率の向上や、連結納税制度導入に伴う税収不足の補塡のための財源措置として税制の改正がなされてきたのである。

第7章小括

本章では、法人税法上の租税特別措置を中心に検討してきた。租税特別措置は、特定の政策目的のための誘因手段として、特定の経済部門ないし国民層に対する租税の軽減や免除を行い、租税負担公平の原則を大なり小なり犠牲にするという性格を有する。1950（昭和25）、1951（昭和26）年以降に行われた租税上のさまざまな優遇措置、並びに「企業合理化促進法」による税法上の優遇措置（租税特別措置）が企業の合理化投資と資本蓄積を推進していく上で大きな効果をもった。その後も景気拡大とともに租税特別措置が拡大していく。経済が解放体制に移行する1970（昭和45）年頃から租税特別措置について整理合理化の問題が浮上してくるが、整理されても新たに企業を優遇する租税特別措置が創設され、租税特別措置による企業優遇制度は現在もなお多く存在している。

さらに法人税率は引き下げられている。1987（昭和62）年・1988（昭和63）年税制改革では、消費税が創設されるが、その背景には法人税率の引き下げがあった（42％→37.5％）。1998（平成10）年と1999（平成11）年税制改正でも課税ベースの拡大を背景に法人税率の引き下げがなされた（37.5％→30％）。法人税率の引き下げは税制調査会において現在もなお引き下げる方向で議論されている。

法人課税の中では、受取配当益金不算入制度が特に大企業の税制面を優遇

している。その基礎となる概念は、法人擬制説である。しかし、法人の本質として法人擬制説と法人実在説のどちらかにあてはまるのか否かを議論することに意味がないとされている。このような議論が無意味なのだとしたら、受取配当益金不算入制度は廃止されるべきである。しかし、受取配当益金不算入制度が必要な場合には、受取配当を益金に算入することを基本とし、特別な事情がある場合に企業優遇税制として、受取配当益金不算入制度を位置づけるべきである。受取配当益金不算入制度に係る税制の改正は、法人擬制説の見直しや法人税制がいかにあるべきかを検討してなされてきたものではない。企業の自己資本比率の向上や、連結納税制度導入に伴う税収不足の補塡のための財源措置として税制の改正がなされてきたのである。株主の多くは個人投資家ではなく機関投資家により占められている現状において、法人課税を実施するにあたり、受取配当益金不算入制度のあり方の見直しを検討しなければならないと言える。

注

1 金子宏『租税法〔第11版〕』弘文堂、2006年、92頁。
2 会計学中辞典編集委員会編『会計学中辞典』青木書店、2005年、266頁。
3 金子宏、前掲書、92頁。
4 同上書、93頁。
5 北野弘久『税法学原論〔第6版〕』青林書院、2007年、69頁。
6 税制調査会「『今後におけるわが国の社会、経済の進展に即応する基本的な租税制度のあり方』についての答申」1964年12月、23頁。
7 同上答申、23頁。
8 山内進『租税特別措置と産業成長』税務経理協会、1999年、52頁。
9 富岡幸雄『税務会計学原理』中央大学出版部、1334頁。
10 嶋和重、『戦後日本の会計制度形成と展開』同文舘出版、2007年、117頁。
11 内山進、前掲書、52〜62頁。内山は、租税特別措置の効果について理論的かつ実証的に研究を行っている。
12 同上書、54頁。
13 同上書、54〜57頁。
14 同上書、58頁。

15　富岡幸雄、前掲書、1334 頁。
16　同上書、1334 頁。
17　山内進、前掲書、58 頁。
18　開放経済に対応しうる産業体制を審議するために設置。
19　山内進、前掲書、58 頁。
20　同上書、59 頁。
21　同上書、59 頁。
22　同上書、60 頁。
23　同上書、60 頁。
24　同上書、60 ～ 61 頁。
25　富岡幸雄、前掲書、1388 頁。
26　同上書、1388 頁。
27　税制調査会「今後の税制のあり方についての答申」1977 年 10 月、5 ～ 6 頁、公益財団法人日本租税研究会ホームページ（参照 2015 年 7 月 1 日、http://www.soken.or.jp/p_document/zeiseishousakai_pdf/s5210_kongonozeisei.pdf）。
28　和田八束『租税特別措置　歴史と構造』有斐閣、1992 年、106 頁、96 ～ 97 頁、主な廃止項目。

1976 年	（廃止）①地中配送電設備の特別償却、②沖縄海洋博出展準備金
1977 年	（廃止）①製品安全検査用設備の特別償却、②高精度工作機械等の特別償却
1978 年	（廃止）①公害防止準備金、②建設損失保証準備金、③人身被害防止設備の特別償却、④労働災害防止設備の特別償却、⑤電子計算機の特別償却、⑥特定鉄道設備の特別償却、⑦原子力発電設備の特別償却、⑧特定ガス供給設備の特別償却、⑨公害防止事業者負担金の特別償却
1980 年	（廃止）①過疎地域における特別償却、②住宅貯蓄控除
1981 年	（廃止）産業転換設備等の特別償却
1982 年	（廃止）①中小企業の廃棄施設の特別償却、②一般廃棄物処理業の特別償却、③中小企業の現物出資の課税の特例、④漁業の現物出資の特例

29　税制調査会「昭和 57 年度の税制改正に関する答申」4 頁、1981 年 12 月、公益財団法人日本租税研究会ホームページ（http://www.soken.or.jp/p_document/zeiseishousakai_pdf/s5612_s57zeiseikaisei.pdf）。
30　細谷千博、有賀貞、石井修、佐々木卓也「日米問題構造協議最終報告」『日米関係資料集 1945 ～ 97』東京大学出版会、1189 頁、1990 年 6 月。
31　同上報告書、1188 ～ 1199 頁。

32 宇波弘貴編著『図説日本の税制〔平成 25 年度版〕』財経詳報社、2013 年、48 頁。所得税の最高税率は 37％へ改正。
33 税制調査会「法人課税小委員会報告」第 2 章 6.（1）、1996 年 11 月（参照 2009 年 8 月 2 日、http://www.cao.go.jp/zeicho/tosin/08top.html）。
34 税制調査会「わが国の税制の現状と課題——21 世紀に向けた国民の参加と選択」2000 年 7 月、168 〜 169 頁（参照 2009 年 8 月 2 日、http://www.cao.go.jp/zeicho/tosin/12top.html）。
35 税制調査会「平成 13 年度の税制改正に関する答申」2000 年 12 月、二 7.（1）（参照 2009 年 8 月 2 日、http://www.cao.go.jp/zeicho/tosin/12top.html）。
36 富岡幸雄、前掲書、1393 頁。
37 同上書、1393 頁。
38 金子宏、「法人税の性質と配当課税のあり方」『所得課税の法と政策』有斐閣、427 頁。
39 富岡幸雄、前掲書、1639 頁。
40 市川深編著『税務会計』日本評論社、1976 年、10 頁。
41 同上書、9 頁。
42 品川芳宣『課税所得と企業利益』税務研究会出版局、1982 年、142 頁。
43 飯野利夫『財務会計論〔三訂版〕』同文舘出版、1993 年、Ⅰ-15。
44 同上書、Ⅰ-15、Ⅰ-16。
45 金子宏、前掲書（注 38）、417 頁。
46 飯野利夫、前掲書、Ⅰ-15、Ⅰ-16。
47 金子宏、前掲書（注 1）、263 〜 265 頁。
48 飯野利夫、前掲書、Ⅰ-15、Ⅰ-16。
49 税務会計と企業会会計の所得（利益）の差異を指す。
50 新井清光・加古宜士『現代会計学〔第 8 版〕』中央経済社、2006 年、58 頁。
51 金子宏、前掲書（注 38）、420 頁。
52 富岡幸雄、前掲書、1654 〜 1655 頁。
53 税制調査会「財政体質を改善するために税制上とるべき方策についての答申」1980 年 11 月、21 頁。
54 "Report on Japanese Taxation By the Shoup Mission" Volume I, 1949, p.105.
55 金子宏、前掲書（注 1）、270 頁。
56 金子宏、前掲書（注 1）、272 頁。
57 金子宏、前掲書（注 38）、411 頁。
58 1955 年の改正で配当控除率は 25％から 30％に引き上げられた。
59 金子宏、前掲書（注 1）、270 頁。
60 税制調査会「第一次答申」1960 年 12 月。公益財団法人日本租税研究会ホームページ（http://www.soken.or.jp/p_document/zeiseishousakai_pdf/s_s3512_

toumenjissisubekizeiseikaisei.pdf）。
61　同上答申。
62　金子宏、前掲書（注1）、271頁。
63　同上書、271頁。
64　税制調査会「財政体質改善答申」1980年11月、21頁、公益財団法人日本租税研究会ホームページ（http://www.soken.or.jp/p_document/zeiseishousakai_pdf/s5511_zaiseitaisitukaizen.pdf）。
65　支払配当分については留保分の税率よりも軽くする措置。
66　税制調査会「税制改革についての中間答申」1988年4月、56頁、公益財団法人日本租税研究会ホームページ（http://www.soken.or.jp/p_document/zeiseishousakai_pdf/s6304_zeiseikaikakutyukantousin.pdf）。
67　同上答申、57頁。
68　財務省「平成14年税制改正の大綱（別紙：連結納税制度）」。

第3部

会計コンバージェンスと近年の税制改革

第8章
公正価値会計へのコンバージェンスと新会社法

はじめに

 本章では国際財務報告基準とのコンバージェンスの状況と、それに対するわが国の対応について概観する。さらに新会社法が新会計基準の影響を受けている点について指摘する。

第1節 コンバージェンスと近年の動向

1. IASBの成立とコンバージェンス

 2001（平成13）年に国際会計基準審議会（International Accounting Standards Board、以下IASB）が成立した。IASBは、IASCが民間国際組織から各国の会計基準設定機関の代表によって構成される国際機関へとその性格を転換させて名称を変更して成立した機関であった。しかし、IASBは国際的な機関といっても各国代表によって構成される政府機関ではない。IASB審議会構成メンバーは民間代表であることが要請されている。各国の民間の会計基準設定機関代表によって構成される国際機関を、政府組織である証券監督者国

際機構 (International Organization of Securities Commissions、以下 IOSCO) が全面支援する構図となった。

　IASB の目指す国際会計基準の特徴は、「コンバージェンス」という概念である。コンバージェンスは IASC が目指していた調和化とは質的に大きく異なる概念であり、単一の国際会計基準を作成し、各国国内基準もそれに統合させようとするものである。すなわち、世界が単一の会計基準で運用されることを目指すのである。

　IASB は、その発足直後の 2002（平成14）年に FASB との間で「ノーウォーク合意」に達し、世界最大の資本市場を持つ米国で使用されている米国会計基準と IFRS とのコンバージェンスを実現することによって、高品質な一組の世界会計基準を実現しようとする戦略を採用した。これに基づき、IASB と FASB は両会計基準のコンバージェンスに向けて、2006（平成18）年2月に覚書（Memorandum of Understanding、以下 MOU 項目）を公表し、2007（平成19）年末までに会計基準のコンバージェンスが一層進むことを求めた。MOU 項目は短期統合化項目と長期統合化項目に分かれており、2007（平成19）年末までに多くの目標が達成された。長期統合化項目は、FASB が IFRS に合わせるために米国会計基準を改訂する項目（公正価値オプションの導入など）と、IASB が米国会計基準に合わせるため改定する項目（セグメント情報、ジョイント・ベンチャーなどがある）とが含まれていた。一方長期統合化項目には、企業結合、連結、公正価値測定、負債と資本の区分、財務諸表の表示、退職給付（年金を含む）、収益認識、リース、認識の中止、金融商品（現行基準の置換）、無形資産といったコンバージェンスに時間のかかる項目がある。長期統合化項目では、企業結合を除き、2007（平成19）年末までに最終基準を完成させることは予定されておらず、ディスカッションペーパーの公表といったような中間段階の達成が目標とされていた。

　2008（平成20）年に入り、MOU 項目を今後どのように進めていくかが論点となり、2008（平成20）年4月に開催された IASB と FASB の合同会議で、2011（平成23）年6月までに無形資産を除く MOU プロジェクトに含まれる9項目（収益認識、公正価値測定、連結、認識の中止、財務諸表の表示、退職給付〔年

金を含む〕、リース、金融商品〔現行基準の置換〕及び負債と資本の区分）を完成させることが合意された。

IFRS は、EU 域内市場での統一基準として採用され、2008（平成 20）年11 月に米国市場への外国企業の上場の際にも容認されるなど、世界 100 カ国以上で使用される国際基準としての地位を固めつつある。

その後、米国において、2011 年に公表された SEC スタッフペーパーでは、IFRS 採用の意思決定から 5 年または 7 年の移行期間に IFRS と米国基準をコンバージェンスさせる法人が示されたが、IFRS 採用の意思決定は未だになされていない[1]。2012 年に SEC は「米国への IFRS 取り込みに関する最終スタッフ報告書」を公表したが、アドプションとは異なる方法で IFRS を米国へ取り込む方法が示されている[2]。

2. 東京合意と MOU 項目

MOU 項目は 2007（平成 19）年の東京合意に影響を及ぼすことになる。東京合意は次の 4 点から構成されており、①から③に示した 3 段階に分けて、IFRS と日本基準との差異の解消（コンバージェンス）が図られることになった。これは、EU が日本の会計基準と IFRS とが同等であるか否かを評価した結果行われたものである。

① ASBJ は、現在の EU の同等性評価への対応として進められてきている IFRS と日本基準の差異の解消のためのプロジェクトを 2008（平成 20）年までに完成させる（短期コンバージェンス・プロジェクト）。
② ASBJ は、それ以外の IFRS との主要な差異（その他のコンバージェンス項目）を 2011（平成 23）年 6 月までに完成させる。
③ MOU に含まれるプロジェクトが遅れ、その完成が 2011（平成 23）年を過ぎる場合には、それらに関連する主要な差異の解消は、該当するプロジェクトが完成し発効するまでに行う（2011〔平成 23〕年目標に対する例外）。

④IASB と FASB が進めている MOU プロジェクトへの日本のより積極的な関与のために、スタッフ・レベルでの定期協議を開始する。

2008 (平成20) 年に ASBJ は「東京合意に掲げた短期コンバージェンス項目の終了にあたって」を公表し、EU の同等性評価が一区切りした。しかし、中長期項目については、今後も引き続き行われる。

2009 (平成21) 年6月11日に企業会計審議会は、欧州を中心に世界100カ国以上で使われている国際会計基準を日本に導入するスケジュールを盛り込んだ「我が国における国際会計基準の取扱いに関する意見書 (中間報告)」をまとめた。同報告書では、一定の要件を満たす企業については、2010 (平成22) 年以降に提出される財務報告書について IFRS の適用を容認するとともに 2014 (平成26) 年から財務報告を提出する全企業に IFRS を段階的に強制適用することの是非について 2011 (平成23) 年までに決定する案を提示することを記した[3]。

2009 (平成21) 年頃は、日本基準を国際会計基準へ整合させるコンバージェンス作業を続けていたが、米国が IFRS の全面採用を決定したことを受け、中長期的な観点から日本の会計基準のあり方や IFRS をどのように受け入れていくべきかについて検討を深めるべき時期であった。

日本における IFRS の受け入れ方針については日本経団連の「国際会計基準 (IFRS) に関する欧州調査報告・概要」によって次のように報告されている。

「• 英仏の例からも、国際的な投資家への開示である連結財務諸表と、配当や税務計算の基礎となる個別財務諸表とを区分し、前者には IFRS を、後者には日本会計基準を適用していくこと (いわゆる連・単分離) は、有力な選択肢と思われる。また、上場企業でも必ずしも国際的な活動を行っていない企業も多いことから、IFRS の適用は選択制とすることが考えられる。なお、IFRS を採用する場合には、部分的な採用ではなく、国際的統一ルールとして一括して採用する必要がある。
• 同時に、開示の簡素化の観点から、金融商品取引法上の開示は、個別

財務諸表を開示せず、連結財務諸表に一本化することを検討すべきである。
- 日本と同様、独自基準を維持していた米国が IFRS を適用する選択肢を海外企業に認め、また、近く米国国内企業にも認める可能性が高い。わが国においても、IFRS の選択適用容認に係る検討を急ぐ必要がある。
- 個別財務諸表に適用される日本会計基準は、引続き、国際的な整合性を踏まえつつ、また、国内の事情も勘案しつつ慎重な整備を続ける必要がある。
- IASB に対する意見反映は、例えばディスカッションペーパーが作成される時点など、可能な限り早い段階から行う必要がある。人的なつながりを強化するとともに、各国の基準設定主体とも連携しながら、意見を発信していくことが重要である。特に、IFRS と FASB で検討が進められている中長期的テーマに対する積極的な意見発信が不可欠である[4]」

2009（平成 21）年に企業会計審議会が公表した報告書では、IFRS の強制適用に関する意思決定について 2012（平成 24）年を目途に行う予定であった。しかし、2011（平成 23）年 6 月に金融担当大臣が「少なくとも 2015 年 3 月期についての強制適用は考えておらず、仮に強制適用する場合であってもその決定から 5 〜 7 年程度の十分な準備期間の設定を行うこと、2016 年 3 月期で使用終了とされている米国基準での開示は使用期限を撤廃し、引き続き使用可能とする[5]」と発言し、米国も判断を先送りしていることもあり、IFRS を強制適用するか否か不透明な状況となっている。2012（平成 24）年に「国際会計基準 (IFRS) への対応のあり方についてのこれまでの議論（中間整理）」が公表された。そこでは、連単分離、IFRS の影響を受けないようにする中小企業等への対応を前提に、日本の会計基準のあり方を踏まえた主体的コンバージェンス、任意適用の積み上げを図りながら IFRS 適用のあり方について検討すべきであるとしている[6]。

日本における IFRS の任意適用は連結財務諸表のみに認められ、IFRS を任意適用している企業であっても、個別財務諸表では日本基準での作成が求められている。日本では、確定決算主義を前提に法人所得を計算し、法人税を算出するため、個別財務諸表に IFRS を適用するには多くの課題がある。2013（平成25）年に、IFRS の適用要件が緩和され、IFRS 任意適用可能会社約 600 社が有価証券提出会社約 4000 社になる見込みであるという[7]。

　日本での任意適用会社は、2010 年に 1 社、2011 年に 2 社、2012 年に 2 社、2013 年に 12 社、2014 年に 14 社、2015 年に 35 社、2016 年に 8 社で合計 74 社となっている（2016〔平成28〕年5月時点）[8]。IFRS の適用を決定している会社は、39 社となっている（2016〔平成28〕年5月時点）[9]。任意適用会社については連結財務諸表のみに IFRS が適用され、個別財務諸表については日本基準が適用されている。

第2節　新会社法の制定と会計基準の多重構造

　新会社法は、会社法制の現代化を図るために、2005（平成17）年6月に国会において成立し、7月に公布された。商法改正を含む会社法制の現代化を図るに至った背景には、株式会社制度と有限会社制度との統合を図り、株式会社制度に一本化することに対応する必要性があったとされている[10]。

1. 債権者保護法理の後退と資本金規定

　この改正において、会計の側面から見て最も特徴的なものは、最低資本金制度を廃止し、資本準備金を取り崩して配当可能にしたことである。これらは、資本確定の原則や資本不変の原則等の財産保全機能にとって重要な原則を放棄したと言え、株式会社の持つ性格の変化を物語るものである。株式会社の基幹となるものは、資本である。改正前の株式会社は、巨額の資本を証券市場から調達し、その資金をもって設備投資を行い、生産を行

うという組織体であった。株式会社は巨額の資金を賄うための法の構築物として成立したとされ、株主は株式会社の最高の意思決定機関における議決権を有し、意思決定の結果についての責任は「有限責任」であるという有利な立場にある[11]。債権者も等しく資金の提供者であるため、債権者を法的に保護するために、債権者保護の考え方が導入された。

債権者保護は、債権者の有する債権の担保力となる財産を保全することによって達成される。そこで、資本（純資産）が債権担保力保全のための緩衝器として機能するように、改正前の商法では、「資本確定の原則」や「資本不変の原則」を設定し、それに見合った財産が企業内に維持拘束されるように設計された[12]。資本準備金や利益準備金の設定の強制やその取り崩し制限の規定などは、それに見合った資産拘束効果を果たすものである。さらにそれらの残余たる剰余金については、配当規制をかけることで、配当を通じての無制限な資産の社外流出を防ぐ手立てとしていた。

しかし、改正後の新会社法は、最低資本金制度を廃止し、資本準備金を取り崩して配当可能にして、資本確定の原則や資本不変の原則等の財産保全機能にとっての重要な原則を放棄し、債権者保護法理を後退させることとなった。

資本金額の算定についての規定は以下の通りである。

（資本金額の算定）【会社法第445条】

第1項	株式会社の資本金の額は、この法律に別段の定めがある場合を除き、設立又は株式の発行に際して株主となる者が当該株式会社に対して払込み又は給付をした財産の額とする。
第2項	前項の払込み又は給付に係る額の二分の一を超えない額は、資本金として計上しないことができる。
第3項	前項の規定により資本金として計上しないこととした額は、資本準備金として計上しなければならない。
第4項	剰余金の配当をする場合には、株式会社は、法務省令で定めるところにより、当該剰余金の配当により減少する剰余金の額に十分の一を乗じて得た額を資本準備金又は利益準備金（以下「準備金」と総称する）として計上しなければならない。

| 第5項 | 合併、吸収分割、新設分割、株式交換又は株式移転に際して資本金又は準備金として計上すべき額については、法務省令で定める。 |

　第445条により、払込資本の2分の1は資本準備金に計上することが可能となり、資本準備金と利益準備金の積み立ての基準が明記された。

（資本金の額の減少）【会社法第449条】

第1項	株式会社は、資本金の額を減少することができる。この場合においては、株主総会の決議によって、次に掲げる事項を定めなければならない。	
	第1号	減少する資本金の額
	第2号	減少する資本金の額の全部又は一部を準備金とするときは、その旨及び準備金とする額
	第3号	資本金の額の減少がその効力を生ずる日
第2項	前項第一号の額は、同項第三号の日における資本金の額を超えてはならない。	
第3項	株式会社が株式の発行と同時に資本金の額を減少する場合において、当該資本金の額の減少の効力が生ずる日後の資本金の額が当該日前の資本金の額を下回らないときにおける第一項の規定の適用については、同項中「株主総会の決議」とあるのは、「取締役の決定（取締役会設置会社にあっては、取締役会の決議）」とする。	

（準備金の額の減少）【会社法第448条】

第1項	株式会社は、準備金の額を減少することができる。この場合においては、株主総会の決議によって、次に掲げる事項を定めなければならない。	
	第1号	減少する準備金の額
	第2号	減少する準備金の額の全部又は一部を資本金とするときは、その旨及び資本金とする額
	第3号	準備金の額の減少がその効力を生ずる日
第2項	前項第一号の額は、同項第三号の日における準備金の額を超えてはならない。	

| 第3項 | 株式会社が株式の発行と同時に準備金の額を減少する場合において、当該準備金の額の減少の効力が生ずる日後の準備金の額が当該日前の準備金の額を下回らないときにおける第一項の規定の適用については、同項中「株主総会の決議」とあるのは、「取締役の決定(取締役会設置会社にあっては、取締役会の決議)」とする。 |

(剰余金の配当)【会社法第453条】

| 株式会社は、その株主(当該株式会社を除く)に対し、剰余金の配当をすることができる。 |

　第449条・第448条・第453条において、資本金の減少や準備金の減少の規定が整備され、資本金や資本準備金を取り崩して剰余金にまわすことが可能となり、さらに利益と資本の区別なく、剰余金については配当可能となった。このことや最低資本金制度を廃止したことから、資本確定の原則や資本不変の原則等の財産保全機能にとっての重要な原則が放棄されることになったのである。

2. 資産・負債の評価と新会計基準への接近

　新会社法における資産の評価規定は次の通りである。
(会社計算規則第5条・資産の評価)

第1項	資産については、この省令又は法以外の法令に別段の定めがある場合を除き、会計帳簿にその取得価額を付さなければならない。	
第2項	償却すべき資産については、事業年度の末日(事業年度の末日以外の日において評価すべき場合にあっては、その日。以下この編において同じ)において、相当の償却をしなければならない。	
第3項	次の各号に掲げる資産については、事業年度の末日において当該各号に定める価格を付すべき場合には、当該各号に定める価格を付さなければならない。	
	第1号	事業年度の末日における時価がその時の取得原価より著しく低い資産(当該資産の時価がその時の取得原価まで回復すると認められるものを除く) 事業年度の末日における時価

	第2号	事業年度の末日において予測することができない減損が生じた資産又は減損損失を認識すべき資産　その時の取得原価から相当の減額をした額
	第3号	取立不能のおそれのある債権については、事業年度の末日においてその時に取り立てることができないと見込まれる額を控除しなければならない。
	第4号	債権については、その取得価額が債権金額と異なる場合その他相当の理由がある場合には、適正な価格を付すことができる。
第4項		次に掲げる資産については、事業年度の末日においてその時の時価又は適正な価格を付すことができる。
	第1号	事業年度の末日における時価がその時の取得原価より低い資産
	第2号	市場価格のある資産（子会社及び関連会社の株式並びに満期保有目的の債券を除く）
	第3号	前二号に掲げる資産のほか、事業年度の末日においてその時の時価又は適正な価格を付すことが適当な資産

　第5条資産の評価は、原則として取得原価主義を採用しているが、資産の属性に応じて評価の方法を個別に定めている。第3項第2号では減損についての規定であり、減損会計に係る会計基準の設定の影響が見られる。他の規定についても時価に関する多様な規定が組み込まれ、公正価値会計の影響を受けていることがうかがえる。

　会社法における負債の評価の規定は次の通りである。

（会社計算規則第6条・負債の評価）

第1項		商人の会計は、負債については、この省令又は法以外の法令に別段の定めがある場合を除き、会計帳簿に債務額を付さなければならない。
第2項		次に掲げる負債については、事業年度の末日においてその時の時価又は適正な価格を付すことができる。
	第1号	次に掲げるもののほか将来の費用又は損失（収益の控除を含む。以下この号において同じ）の発生に備えて、その合理的な見積額のうち当該事業年度の負担に属する金額を費用又は損失として繰

第8章 公正価値会計へのコンバージェンスと新会社法　173

		り入れることにより計上すべき引当金（株主等に対して役務を提供する場合において計上すべき引当金を含む） イ　退職給付引当金（使用人が退職した後に当該使用人に退職一時金、退職年金その他これらに類する財産の支給をする場合における事業年度の末日において繰り入れるべき引当金をいう） ロ　返品調整引当金（常時、販売するたな卸資産につき、当該販売の際の価額による買戻しに係る特約を結んでいる場合における事業年度の末日において繰り入れるべき引当金をいう）
	第2号	払込みを受けた金額が債務額と異なる社債
	第3号	前二号に掲げる負債のほか、事業年度の末日においてその時の時価又は適正な価格を付すことが適当な負債

　第2項では、負債の時価評価の規定が明確にされた。その中でも、法人税法の規定の中では創設されなかった退職給付引当金に関する規定が新たに創設され、その評価については「退職給付に係る会計基準」の設定の影響がうかがえる。

3.「計算」の規定と会計基準の多重構造

　2005（平成17）年の商法改正では、商業帳簿作成の基本規定として「公正ナル会計慣行ヲ斟酌スベシ」（改正前商法第32条第2項）とされていたものを「商人の会計は、一般に公正妥当と認められる会計の慣行に従うものとする」（商法第19条第1項）と改めた。新たに創設された会社法においても、商人の場合と類似の規定として、「株式会社の会計は、一般に公正妥当と認められる企業会計の慣行に従うものとする」（会社法431条）という規定が設けられたのである。

（商法）

第19条	一般に公正妥当と認められる会計の慣行に従うものとする。

（会社法）

| 第431条 | 株式会社の会計は、一般に公正妥当と認められる企業会計の慣行に従うものとする。 |

　改正前商法第32条第2項では、「公正ナル」と表現されていたものが、改正後商法第19条ならびに改正後会社法第431条の新規定では「一般に公正妥当と認められる」と表現が変更された。それと同時に、「会計慣行」という文言が、「会計の慣行」（商人一般の規定）と置き換えられ、また、会社法では「企業会計の慣行」（株式会社の規定）と表現が改められた。改正前商法第32条第2項において「公正ナル会計慣行」「ヲ斟酌スベシ」とされていたものが、会社法第431条では、「一般に公正妥当と認められる会計の慣行」「に従うものとする」とされ、規定としては強化された。

　会社法の規定により委任された株式会社の計算に関する事項等については、「株式会社の計算に関する法務省令」である「会社計算規則」において扱われることとされた。この会社計算規則によると、会社法の「一般に公正妥当と認められる企業会計の慣行」という規定を受けて、次のような規定が設けられた。

（会社計算規則）

| 第3条 | この省令の用語の解釈及び規定の適用に関しては、一般に公正妥当と認められる企業会計の基準その他の企業会計の慣行をしん酌しなければならない |

　武田隆二によれば、上記の会社計算規則に関連して、次の5つのことに注目できるという。

　「①『一般に公正妥当と認められる企業会計の基準』と『その他の会計慣行』という2つのものが識別されて、規定されていること。②上記①での『一般に公正妥当と認められる企業会計の基準』が適用されているのは、証券取引法上の大会社等、会社法上の会計監査人設置会社についてであること。③上記①での『その他の会計慣行』とは、会

社法上、会計監査人設置会社以外の株式会社に対して適用されるものが意味されていること。④したがって、中小会社会計指針は、『その他の会計慣行』に属するものとして位置づけられていると解されること。⑤会社法の適用上、『一般に公正妥当と認められる企業会計の基準』（大会社会計基準）と中小会社会計指針とはともに、『しん酌しなければならない』ものであって、『遵守しなければならない』ものとしては位置づけられていないこと[13]」

武田隆二は、「会社法の本法規定で『遵守』規定として定められているにもかかわらず、会社計算規則で『しん酌』規定に置き換えたのは、本法規定の立法趣旨を踏まえて、実務への適用可能性を考慮して『しん酌しなければならない』としたと解される[14]」とし、「そこで重要なことは、公正性と言われる概念はただ1つ存在するのではなく、いくつかの側面をもった概念であるということが、法制上認知されたことである[15]」と解釈している。そうすると、「会社法の施行により、わが国における会計領域としては、法制の関連から次の3つの領域に区分されている[16]」という。

①金融商品取引法（証券取引法）関係—大会社の領域—「一般に公正妥当と認められる企業会計の基準」
②会社法関係—株式会社の会計領域—「一般に公正妥当と認められる企業会計の慣行」
③商法関係—商人一般の会計領域—「一般に公正妥当と認められる会計の慣行」

これら3つの会計領域を結びつけるものが「一般に公正妥当と認められる」ところのものであるという。この「一般に公正妥当と認められる」という言葉の後に付くものが、三者において異なっている点が重要であり、次の通り解釈される[17]。

①「会計の基準」—大会社（金融商品取引法〔証券取引法〕適用会社）に適用
②「企業会計の慣行」—株式会社一般に適用
③「会計の慣行」—商人一般に適用

ここにおいて、「一般に公正妥当と認められるところのもの」、すなわち、「公正性」には企業主体の属性の差により異なる公正概念が存在しうること

を、法制上認知したことが意味されているという[18]。すなわち、「公正性」が多重構造として組み立てられており、この多重構造を前提とすると、大会社か中小会社かという企業属性が異なる場合には、異なる会計基準の設定が必要になるという[19]。

第8章小括

　IASBの目指す国際財務報告基準の特徴は、「コンバージェンス」という概念であった。コンバージェンスは単一の国際会計基準を作成し、各国国内基準もそれに統合させ、世界が単一の会計基準で運用されることを目指すのである。わが国でもコンバージェンスに向けた東京合意によりIFRSと日本基準との差異の解消が図られることになる。さらにIFRSの強制適用が検討されたが、未だにその判断はなされていない。

　商法から会社法が分離されることに伴って、会計の側面から見て最も特徴的なものは、最低資本金制度を廃止し、さらに資本確定の原則や資本不変の原則等の財産保全機能にとっての重要な原則を放棄するに至ったことである。資産・負債の評価基準にも新会計基準の影響が見られ、その評価規定に時価に関する多様な規定が組み込まれ、公正価値会計の影響を受けていることがうかがえる。

　また、商法の改正において、商業帳簿作成の基本規定として「公正ナル会計慣行ヲ斟酌スベシ」（改正前商法第32条第2項）とされていたものを「商人の会計は、一般に公正妥当と認められる会計の慣行に従うものとする」（商法第19条第1項）と改め、新たに創設された会社法においても、商人の場合と類似の規定として、「株式会社の会計は、一般に公正妥当と認められる企業会計の慣行に従うものとする」（会社法第431条）という規定が設けられた。さらに、会社計算規則では「一般に公正妥当と認められる企業会計の基準」という規定が設けられた。ここにおいて、「一般に公正妥当と認められるところのもの」、すなわち、「公正性」には企業主体の属性の差により異なる公

正概念が存在しうることを、法制上認知したといえる。「公正性」が多重構造として組み立てられていることが理解できる。この多重構造を前提とすると、大会社か中小会社かという企業属性が異なる場合には、異なる会計基準の設定が必要になると考えられる。

注

1 あずさ監査法人IFRSアドバイザリー室編『IFRSのしくみ最新版』中央経済社、2015年、10頁。
2 平松一夫監修『IFRS国際会計基準の基礎〔第4版〕』中央経済社、2015年、6頁。
3 企業会計審議会企画調整部会「我が国における国際会計基準の取扱いについて（中間報告）」2009年6月16日（http://www.fsa.go.jp/news/20/20090616-1/02.pdf、アクセス2015年7月8日）。
4 （社）日本経済団体連合会、「国際会計基準（IFRS）に関する欧州調査報告・概要」5. 日本への示唆（参照2016年6月30日、https://www.keidanren.or.jp/japanese/policy/2008/ 012.html）。
5 金融庁ホームページ（参照2016年5月26日、http://www.fsa.go.jp/common/conference/danwa/2011 0621-1.html）。
6 日本公認会計士協会ホームページ（参照2016年5月26日、http://www.hp.jicpa.or.jp/ippan/ifrs/basic/ifrs/）。
7 広瀬義州『新版IFRS財務会計入門』中央経済社、2014年、8頁。
8 日本取引所グループホームページ（参照2016年5月25日、http://www.jpx.co.jp/listing/stocks/ifrs/）。
9 同上ホームページ。
10 武田隆二『新会社法と中小会社会計』中央経済社、2006年、1頁。
11 同上書、5頁。
12 同上書、6頁。
13 同上書、19頁。
14 同上書、19頁。
15 同上書、19頁。
16 同上書、25頁。
17 同上書、25頁。
18 同上書、25頁。
19 同上書、25頁。

第9章

中小会社会計をめぐる議論

はじめに

本章では、中小会社会計をめぐる議論について歴史的な経緯を追いながら中小企業の会計に関する基本要領（以下：中小会計要領）の成立までを概観する。さらに中小企業の会計に関する指針（以下：中小会計指針）をめぐって行われた激しい議論を検討する。

第1節 中小会社会計のあり方と「特定基準アプローチ」・「普遍性アプローチ」

中小会社会計の基準のあり方をめぐり、イギリスでなされた議論として、「特定基準アプローチ」と「普遍性アプローチ」がある。「特定基準アプローチ」(a basic Schedule for small companies：小会社基本計算規定）は、小会社に適切に対応する会計基準の選択を行い、あらかじめそのガイドラインを示そうとする考え方であり、これに対して、「普遍性アプローチ」(universal approach：universality concept）は、よるべき会計基準は一つであり、すべての会社はそれに従うべきであるとする考え方である[1]。

さらに、中小会社会計の在り方をめぐっては、二つの考え方があると言わ

れている。第一に、公開会社を含む大会社が厳密に適用する一般に公正妥当と認められる企業会計の基準とは異なった認識及び測定の基準を含んだ、中小会社特有の会計基準を別個に設定する必要があるとする考え方である。この考え方によると、公開会社を中心とした会計基準と、必ずしも公開を必要としない中小会社のための会計基準の設定をすることになる。「特定基準アプローチ」と類似する概念である（本書ではこのような考え方を「特定基準アプローチ」と呼ぶ）。第二に、適正な計算書類を作成する上で基礎となる会計基準は、会社の規模に関係なく、あくまでも一つであるべきであるが、中小会社の特性[2]を考慮して、その適用方法に簡便法等を認める考え方である。この考え方によると、基礎となる一つの会計基準を設定し、中小会社には簡便法を認めることになる。「普遍性アプローチ」と類似する概念である（本書ではこのような考え方を「普遍性アプローチ」と呼ぶ）[3]。

　会社法の規定は「特定基準アプローチ」を想定しているものと考えられる。しかし中小会計指針の作成をめぐって「特定基準アプローチ」と「普遍性アプローチ」による基準設定のあり方が問われた。中小会計指針の作成の基礎となった中小企業庁による「中小企業の会計に関する研究会報告書」と日本税理士会連合会による「中小会社会計基準」は「特定基準アプローチ」を採用しており、日本公認会計士協会による「中小会社の会計のあり方に関する研究報告」は「普遍性アプローチ」を採用している。商法および会社法では、「企業会計の慣行」や「会計の慣行」を明確に規定し、「企業会計の慣行」や「会計の慣行」の一部を構成するものとして中小会計指針がある。しかし、中小会計指針の作成の基礎となった各種の報告書は「特定基準アプローチ」と「普遍性アプローチ」の両者の立場が存在し、混乱していた。

　このように、異なった立場の報告書を基にして中小会計指針が作成され、その結果、中小会計指針は「普遍性アプローチ」を採用した。

第2節 中小企業会計の歴史的変遷

　中小企業の会計のスタートは、簿記普及運動として開始された。簿記普及運動は、「シャウプ勧告」による中小企業に対する①帳簿と記録の教育・実務の改善、②記帳の模範的な様式の作成の主に2つであった[4]。中小企業簿記普及運動に大きな影響を与えたのは、1950（昭和25）年1月に公表された経済安定本部の『中小企業簿記要領解説』であった[5]。その目的は、税金と金融と経営の合理化であった[6]。また、中小企業簿記に求められることは「できるだけ手数のかからぬ簡易なものでなければならないということ[7]」と「税務当局や金融当局という第三者が帳簿をみて、容易に監査もできその数字が正しいということが実証されるような帳簿であること[8]」とし、簡易性と正確性という相反する性格のものをどのように調和するかであった。大企業向けの「企業会計原則」と比較すると、正規の簿記の原則による正確な会計帳簿の記録が真実性の原則よりも重要視されていた。

　また、1953（昭和28）年に簿記普及運動の一環として1948（昭和23）年8月にGHQの経済民主化政策の一環として設立された「中小企業庁」が『中小会社経営簿記要領』を発表した[9]。目的は、中小企業の経理制度確立のためとし、「中小会社は、これによって経理業務を充実し、経営の改善、合理化や資金の借入に必要な体制を整備し得ると共に、申告納税にも利用できるものであり、合わせて又、中小会社経理指導者の指導要領となるものである[10]」としている。さらに、特徴としては、「一般に公正妥当と認められる企業会計原則に準拠し、且つ法人税法施行規則の記載要件にあてはまる複式簿記であることを特徴[11]」として企業会計原則と法人税法に準拠すべきことを要求している。

　1955（昭和30）年代には、政府の中小企業に対する近代化政策を促進するための日本生産性本部が設立され、中小企業の生産性向上の一環として中小企業における統一的原価計算制度の確立に大きな影響を与えた[12]。

　1965（昭和40）年代に入ると、中小企業診断員制度が導入され、日本商工

会議所に中小企業相談所の設置がなされた。中小企業庁は、『中小企業の経営指標』、東京商工興信所は、『本邦中小企業・標準財務比率』などを公表し、業種別にコード化して、中小企業会計の統一化・標準化を試みた[13]。

1974（昭和49）年の商法改正により「大中小会社区分立法」が規定され、続いて商法・有限会社法の改正で中小企業を対象とした改正が行われた[14]。1999（平成11）年12月に中小企業基本法が成立して公布施行された。その後、2002（平成14）年に至り、中小企業の会計に関する報告書が、商法改正の中でのIT化にともない制度的に中小会社の計算書がインターネットで公開できるようになった。この商法改正を機に、2002（平成14）年6月に中小企業庁が、「中小企業の会計に関する研究会報告書」を発表した。また、これに呼応して、2002（平成14）年12月に日本税理士会連合会が「中小会社会計基準」を、2003（平成15）年6月に日本公認会計士協会が「中小会社の会計のあり方に関する研究報告」をそれぞれまとめ、その普及を図ってきた。その後、これらの会計基準はいずれも廃案になり、2005（平成17）年3月に「『中小企業の会計』の統合にむけた検討委員会の設置について」を日本公認会計士協会、日本税理士会連合会、日本商工会議所、企業会計基準委員会の4つの団体が共同して検討を開始し、同年6月に「中小企業の会計に関する指針（案）」をまとめ、同年8月に公表した。その後、新たな会計基準の公表や会社法関係の法務省令が公布されたことから、それらへの対応を図る改正が行われ、新たに中小会計指針が2006（平成18）年4月に公表された。

第3節　中小会計指針の性格

中小会計指針の作成の基礎となった中小企業庁による「中小企業の会計に関する研究会報告書」と日本税理士会連合会による「中小会社会計基準」の考え方と、日本公認会計士協会による「中小会社の会計の在り方に関する研究報告」の考え方とでは異なる立場に立った基準の設定を行っている。本節では、各機関の報告書について検討した上で、中小会計指針の性格について

考察する。

1. 中小企業庁による「中小企業の会計に関する研究会報告書[15]」

　この報告書の特徴は対象となる企業から読み取ることができる。この報告書の対象となる企業は、商法特例法上の小会社（資本金1億円以下の株式会社）で、当面は株式公開を目指していない中小企業であった。

　対象となる企業を絞った理由は次の通りである。「小会社は、現在（2000〔平成12〕年）105万社と極めて多数の企業が現実に活動しているが、この層では現在のところ計算書類のあり方が実務上必ずしも明確に感じられておらず、会計のあり方を示す必要性は極めて高いと考えられる。また、小会社では外部監査（公認会計士監査）が法律上義務付けられていない[16]」。「現在約105万社の小会社において、実態として計算書類の公開がこれから重要な課題となることから、会計のあり方を明確に示す必要性が特に高いこと、また、国民経済的にもその健全な発展は重要課題であると判断されるためである。なお、大多数の小会社は株式公開を目指しておらず、株式を譲渡制限としている閉鎖会社である。一方、株式公開を目指す会社については、現在の会社規模が小さくとも、計算書類の継続性や、将来の外部投資家への説得力などの観点から、公開企業と同様の会計処理を行うことが適切であると考えられるため、検討の対象外とすることが適当である。他方、商法特例法上の中会社は、約2万5千と、小会社と比較して数は少ないが、企業規模は大きく、上場していく可能性も高い。……中会社は大会社との類似性が高く、経済的関係者の広がりなど小会社とは質的に異なる面もあるため、当面の検討対象として同一に論ずることは適切とは考えられない[17]」。

　以上のことから、この報告書における検討の対象を非公開で、株式公開を目指さない、商法上の小会社の会計としたのである[18]。

　公開を前提としない小会社を対象とした会計基準は、すべて商法の条文を根拠として説明されている。さらに、報告書中の「会計基準設定における『判断の枠組み』」の記述の中で、小会社向けの会計を検討するに当たっ

図表 9-1　適用対象

資本金規模	会社区分	会社数	
5億円以上	大会社	約 9,100 社	
5億～1億	中会社	約 2 万 5,500 社	
1億～1,000万	小会社	約 105 万 4,500 社	←今回の議論の対象
300万円以上	有限会社	約 136 万 6,200 社	
	合名・合資会社	約 3 万 6,300 社	
	個人事業者	約 319 万 2,700 社	

◎検討対象は非公開（株式の公開を目指さない）、商法上の小会社（資本金1億円以下）が対象。
出所：中小企業庁「中小企業の会計に関する研究会報告書」2002年より作成。

ての項目が列挙されており、この項目は小会社としての属性を表す項目である[19]。

> （判断の枠組み）
> 　中小企業の会計を考えるに当たっては、商法の目的や趣旨の下、以下の判断枠組みを基本とするものとする。
> （1）計算書類の利用者、特に債権者、取引先にとって有用な情報を表すこと。
> （2）経営者にとって理解しやすいものであるとともに、それに基づいて作成される計算書類が自社の経営状況の把握に役立つこと。
> （3）対象となる会社の過重負担にならないこと（現実に実行可能であること）。
> （4）現行の実務に配慮したものであること。
> （5）会計処理の方法について、会社の環境や業態に応じた、選択の幅を有するものであること。簡便な方法で代替可能な場合、その選択が認められること。

同報告書は、小会社かつ非公開会社の特徴を考慮し、商法の条文のみを根拠として、公開会社とは区別した会計基準の設定を目指している。また、公開会社を中心とした会計基準と分けて、必ずしも公開を必要としない小会社のための会計基準の設定を目指しているため、この報告書は「特定基準アプローチ」に立っていると考えられる[20]。

2. 日本税理士連合会による「中小会社会計基準研究会」報告書

　この報告書作成の背景に次のことが述べられている。「金融商品取引法（証券取引法）の規定の適用を受けない中小会社に対して、金融商品取引法（証券取引法）における複雑で手数のかかる会計基準を強制させることは、……中小会社に過重な負担を強いることになり、結果的に経営を阻害することにもなりかねない。

　したがって、中小会社が商法に準拠した会計処理を具体的に行うに当たっては、中小会社に対するニーズの特殊性、下請取引構造の変化、計算書類のインターネットによる公開、電子商取引の進展等に対する対応が必要である。また、そのためには、中小会社の経営実態を明らかにし、適時・適切な情報開示を行いつつ、資金調達の多様化や取引先の拡大に対応していくための具体的な会計基準を設定することが必要である[21]」。

　つまり、中小会社が商法に準拠した会計処理を具体的に行うに当たって、中小会社に対するニーズの特殊性等の中小会社特有の項目を重視した中小会社会計基準の設定の必要性が述べられている。

　この報告書の対象となる企業は、「証券取引法及び株式会社の監査等に関する商法の特例に関する法律第2条の適用を受ける会社以外の会社（有限会社を含む）[22]」とされ、さらに「合名会社、合資会社等も、この会計基準によることができる[23]」としている。つまり、商法特例法の適用を受けていない中小会社が対象とされている。

　中小企業庁の報告書の適用対象会社よりも会社の範囲が拡大したが、商法特例法の適用を受けていない中小会社が、商法に準拠した会計処理を如何に具体的に行っていくべきかを示すための基準であることから、商法と法人税法の規定に準拠して会計基準が組み立てられており、新会計基準等の影響を受けていない。したがって、この報告書も、中小会社の特殊性に着目して中小会社特有の会計基準を別個に設定する必要があるとし、新会計基準等と区別した具体的な会計基準の設定を目指しているため、「特定基準アプローチ」に立っていると考えられる。

3. 日本公認会計士協会による「中小会社の会計のあり方に関する研究報告」

　この報告書の対象となる企業は「証券取引法及び株式会社の監査等に関する商法の特例に関する法律」第2条の区分による会社のうちの中会社と小会社である。ただし、次に該当する中会社及び小会社であって、一般に公正妥当と認められる企業会計の基準[24]に準拠している場合には、この報告書の適用対象外としている[25]。

　　①監査特例法第1条の2第3項第2号に規定されている「みなし大会社」
　　②証券取引法に基づく監査の対象になっている中会社
　　③中会社及び小会社の中で株式公開を予定している会社
　　④株式公開を予定していないが、商法監査に準ずる監査として、任意監査を受けている会社
　　⑤証券取引法の規定に基づき連結財務諸表を作成している会社の子会社又は持分法適用会社のため、会計監査をうける会社

　以上のことから、中会社と小会社のうち、証券取引法監査の義務づけがなく、新会計基準等に準拠していない会社が対象となっていることがわかる。
　このように対象を限定した背景については次のように述べられている。「商法上、株式会社は事業の種類や規模を問わず計算書類を作成し、開示することが求められている[26]」しかし「中小会社の場合には、一般的には、一般に公正妥当と認められる企業会計の基準に準拠するだけではなく、法人税法等が定めた計算方法や処理方法（以下「税法基準」という）による税法限度額以内の任意の金額により処理を行って貸借対照表、損益計算書等の計算書類を作成するなど、その会計処理方法には多様な実務が混在しており必ずしも統一されているとは言えないのが現状である。また、決算公告は商法上すべての会社に求められているのであるが、従来は官報又は日刊紙に掲載しなければならず、これには手間と費用がかかるなどの理由から、多くの中小会社

が広告をしてこなかったと言われている[27]」。そこで、2002（平成14）年商法改正により、「インターネットのホームページを利用した電磁的方法による計算書類の公開が商法上の開示として認められるようになったことで、容易にかつ少ない費用でできるようになったため、今後は中小会社の開示が積極的に行われることが期待されている[28]」という背景であった。その目的は中小会社が自発的に計算書類のディスクロージャーをより充実させることにあると述べられている。

　この報告書は、すべての会社に対して統一的に企業会計原則に加えて新会計基準等のすべてを、必要な場合には簡便法等を認めて、適用させることを目指している。したがって、この報告書は「普遍性アプローチ」に基づいている。その理由については、次のように報告書の中で述べられている。

「• 同一の取引及び経済事象の認識及び測定の基準には、会社の規模の違いは反映されるべきものではない。
• 会社の規模によって異なる認識及び測定の基準によって表示された財政状態及び経営成績には、単なる会社の規模の違いだけでなく、基礎的概念の違い（例えば、発生主義対現金主義、時価主義対原価主義）まで混在しているため、それらを同じレベルの品質及び性質の情報として、企業の経営実態の把握・分析、企業間比較その他の目的に利用することができない。
• 二つの異なった会計基準が存在することになれば、計算書類の信頼性が失われ、経済社会に混乱を生じさせ、計算書類公開制度の趣旨が損なわれる[29]」

　以上の理由から「普遍性アプローチ」に立つことを明らかにしている。企業会計原則に加えて新会計基準等を適用していない中小企業に、新会計基準を含むすべての会計基準を適用させるという趣旨がうかがえる。個別項目の会計処理については、企業会計原則及び新会計基準等や商法や法人税法の会計に関する基準を根拠として会計処理の説明がなされている。

4. 中小会計指針の性格

　中小会計指針は、今まで見てきた中小企業庁による「中小企業の会計に関する研究会報告書」と、日本税理士会連合会による「中小会社会計基準」と日本公認会計士協会による「中小会社の会計のあり方に関する研究報告」をそれぞれまとめ、これら3つの報告を統合するものとして、2005（平成17）年8月に公表された。

　この指針の適用対象は、以下を除く株式会社となった[30]。

（1）証券取引法の適用を受ける会社並びにその子会社及び関連会社
（2）会計監査人を設置する会社（大会社以外で任意で会計監査人を設置する株式会社を含む）及びその子会社

　これらの株式会社は、公認会計士又は監査法人の監査を受けるため、会計基準に基づき計算書類（財務諸表）を作成することから、本指針の適用対象外とされた。

　この指針の作成の背景には、2005（平成17）年の会社法改正により「会計参与制度」が導入されたことと深く関係があった。目的において次のように述べられている。

　「会社法において、取締役と共同して計算書類の作成を行う『会計参与制度』が導入された。本指針は、とりわけ会計参与が取締役と共同して計算書類を作成するに当たって拠ることが適当な会計のあり方を示すものである。このような目的に照らし、本指針は、一定の水準を保ったものとする[31]」。すなわち、中小会社のうち会計参与を設置する会社を対象にした指針となるものである。

　さらに、中小会計指針の総論では、「中小企業に限らず企業の提供する会計情報には、本来投資家の意思決定を支援する役割や、利害関係者の利害調整に資する役割を果たすことが期待されている。投資家と直接的な取引が少ない中小企業でも、資金調達先の多様化や取引先の拡大等に伴って、これら

の役割が会計情報に求められることに変わりはない。その場合には、取引の経済実態が同じなら会計処理も同じになるよう、企業の規模に関係なく会計基準が適用されるべきである[32]」という立場がとられている。取引の経済実態が同じなら企業の規模に関係なく会計処理も同じになるべきであるというように、統一的な会計処理の実施を促しているため、「普遍性アプローチ」に立っていることがうかがえる。

中小会計指針の各項目の根拠には、会社法や商法、法人税法に加え、企業会計審議会や企業会計基準委員会による新会計基準や実務指針も含まれている。

5. 中小会計指針をめぐる中小会社会計の混乱

中小企業庁による「中小企業の会計に関する研究会報告書」では、対象となる企業が商法特例法上の小会社（資本金1億円以下の株式会社）で、当面は株式公開を目指していない中小企業であった。中小企業に公開会社と全く同様の基準に基づいた計算書類の作成を求めることは、コスト面からみても相当困難であり、同時に、中小企業経営者としてもその必要性・妥当性が必ずしもあるとは限らないとの理由から、小会社でありかつ非公開会社を対象とした会計基準の検討をしていた。この報告書では、小会社特有の会計基準を別個に設定する必要があるとし、必ずしも公開を必要としない小会社のための会計基準の設定をすることになるため、「特定基準アプローチ」をとっていることが確認できる。

日本税理士連合会による「中小会社会計基準研究会」報告書では、対象となる企業が、「証券取引法及び株式会社の監査等に関する商法の特例に関する法律第2条の適用を受ける会社以外の会社（有限会社を含む）」とし、さらに「合名会社、合資会社等も、この会計基準によることができる」としている。基準の検討の理由は、①金融商品取引法（証券取引法）の規定の適用を受けない中小会社に対して、金融商品取引法（証券取引法）における複雑で手数のかかる会計基準を強制させることは、中小会社に過重な負担を強いるこ

とになり、結果的に経営を阻害することにもなりかねないこと、②中小会社に対するニーズの特殊性等に対応していくための具体的な会計基準を設定する必要性があることである。対象となる企業は、中小企業庁による「中小企業の会計に関する研究会報告書」の対象となる企業よりも拡大する。この報告書は、中小会社特有の会計基準を別個に設定する必要があるとし、金融商品取引法（証券取引法）と区別した具体的な会計基準の設定を目指しているため、「特定基準アプローチ」をとっていることが確認できる。

日本公認会計士協会による「中小会社の会計のあり方に関する研究報告」では、対象となる企業を「証券取引法及び株式会社の監査等に関する商法の特例に関する法律」第2条の区分による会社のうちの中会社と小会社とした。ただし、一般に公正妥当と認められる企業会計の基準に準拠している場合にはこの報告書の適用対象外としている。また、中小会社の場合、①その会計処理方法の多様な実務が混在しており必ずしも統一されているとは言えないことが現状であること、②インターネットのホームページを利用した電磁的方法による計算書類の公開が商法上の開示として認められるようになり容易でかつコストを掛けることなく公開ができるようになったことを理由に、企業規模に関係なく統一的な会計基準の適用を目指すとしている。適用方法としては、簡便法等を認めて中小会社の会計に大会社と同様の基準の適用を求めている。すなわち、この報告書は「普遍性アプローチ」をとっている。

以上の3つの報告書を基礎にして作成された中小会計指針の適用対象は、以下を除く株式会社となった。

（1）証券取引法の適用を受ける会社並びにその子会社及び関連会社
（2）会計監査人を設置する会社（大会社以外で任意で会計監査人を設置する株式会社を含む）及びその子会社

中小会計指針は金融商品取引法（証券取引法）の適用を受けていない株式会社のディスクロージャーのための制度であり、日本公認会計士協会の報告書

と同様の見解に立ったものとなった。

第4節 中小会計要領と混乱の終結

　2012（平成24）年に「中小企業の会計に関する検討会」における検討の結果、中小会計要領が公表された。同要領は「目的」として「中小企業の多様な実態に配慮し、その成長に資するため、中小企業が会社法上の計算書類等を作成する際に、参照するための注記等を示すものである[33]」としている。多くの中小企業は、「①資金調達の方法としては、金融機関からの借入が中心、②計算書類等の開示先は、主として、取引金融機関、主要取引先、既存株主等に限定、③法人税法で定める処理を意識した会計、④高度な会計処理に対応できる能力や十分な経理体制をもっていない[34]」などが実態であり、新会計基準をはじめとした企業会計の基準を必ずしも使用することが求められないとされた。適用会社の対象としては、「金融商品取引法の規制の対象会社」「会社法上の会計監査人設置会社」を除く株式会社が挙げられている。同要領は、取得現価会計を基本とし、税務にも即応する内容であることから、中小企業の特質にあった会計基準とされている。国際会計基準との関係では、「本要領は、安定的に継続利用可能なものとする観点から、国際会計基準の影響を受けないものとする[35]」としている。また、法人税法との関連では、「1．目的」において「中小企業の実務における会計慣行を十分考慮し、会計と税制との調和を図った上で、会社計算規則に準拠した会計[36]」とされた。中小会計要領は、「特定基準アプローチ」により導入されたと言える。

　この結果、日本企業の会計基準は図表9-2のように適用されることとなり、整理された。

図表9-2 日本の会社と会計基準

区分	会社数	連結	単体
①上場企業	約3,600社	日本基準 or IFRSの任意適用	日本基準
②金商法開示企業	約600社（①以外）		
③会社法大会社	約12,000社（①、②以外）	作成の義務なし	中小会計指針
④会社法中小会社	約260万社（①、②、③以外）		中小会計要領

出所：河﨑照行・万代勝信編著『詳解中小会社の会計要領』中央経済社、2013年、27頁を参考に作成。

第9章小括

　会計基準の設定に際し、よるべき会計基準は一つであるという「普遍性アプローチ」と、会社の規模に応じて適切に対応する会計基準の選択を行い、あらかじめそのガイドラインを示そうとする「特定基準アプローチ」がある。中小会計指針の作成にあたり、どちらのアプローチを採用するか、各機関で異なった報告書を提示した。ここに中小会社会計基準の混乱が見られた。中小企業庁による「中小企業の会計に関する研究会報告書」と日本税理士連合会による「中小会社会計基準研究会」報告書は「特定基準アプローチ」をとっていると見られるが、日本公認会計士協会による「中小会社の会計のあり方に関する研究報告」は「普遍性アプローチ」をとっている。その結果、三つの報告書を基礎として作成された中小会計指針は「普遍性アプローチ」をとることになった。

　会社法は、前述のとおり大会社か中小会社かという企業属性が異なる場合には、異なる会計基準の設定が必要となると想定している。しかし、中小会計指針は、会計参与が作成する計算書類の指針としてが位置づけられているのみである。中小会計指針は、情報開示の観点から国際会計基準に準拠した新会計基準の適用を促すものであり「普遍性アプローチ」を採用していることからも、「コンバージェンス」の一環として単一の会計基準の適用を目指すものであった。

　一方、中小会計要領では、「特定基準アプローチ」を採用し、中小企業の

実態に即した会計基準の設定を目指した。同要領は、取得現価会計を基本とし、税務にも即応する内容であることから、中小企業の特質にあった会計基準とされており、国際会計基準の影響を受けないとされた。こうして、中小会社会計の混乱に終止符を打つこととなった。

注

1 武田隆二『中小会社の会計』中央経済社、2003年、29頁。
2 中小会社は、一般的には、株主や債権者等の利害関係者が固定的で、かつ少なく、閉鎖的である。しかも、所有と経営の分離が行われておらず、株主でもある少数の経営者の強い影響力の下で運営されることが多い。このような状況のもとでは、日常の記帳事務や決算作業に投入できる人員や経済的負担能力には限界があり、したがって、内部統制もあまり整備されていないのが実情であると考えられる。
3 本書では会計基準の在り方として「特定基準アプローチ」と「普遍性アプローチ」として取り扱う。
4 大江晋也『会社法と中小会社の会計』名古屋経済大学叢書、税務経理協会、2006年、61頁。
5 経済安定本部『中小企業簿記要領解説』企業会計研究会、1950年、1頁。
6 同上書、2頁。
7 同上書、5頁。
8 同上書、5頁。
9 大江晋也、前掲書、63頁。
10 中小企業庁『中小会社経営簿記要領』税務経理協会、1964年、1頁。
11 同上書、1頁。
12 大江晋也、前掲書、66頁。
13 同上書、66頁。
14 同上書、66頁。
15 中小企業庁「中小企業の会計に関する研究会報告書」2002年6月（参照2009年8月1日、http://www.meti.go.jp/kohosys/press/0002888/1/020628cyusyoukaikei.pdf）。
16 同上報告書、Ⅲ-2. より。
17 同上報告書、中小企業の会計（総論）［対象となる会社］考え方より。
18 同上報告書、中小企業の会計（総論）［対象となる会社］より。
19 武田隆二、前掲書、31～32頁。

第 9 章　中小会社会計をめぐる議論　193

20　同上書、31 〜 32 頁。
21　日本税理士連合会「中小会社会計基準研究会報告書」2002 年 12 月（参照 2015 年 7 月 8 日、http://www.zeikei.co.jp/Topics/chusyou.htm）。
22　同上報告書、「2. 対象となる会社」。
23　同上報告書、「2. 対象となる会社」。
24　企業会計原則及び企業会計基準委員会が公表する企業会計基準等のすべてを指す。
25　日本公認会計士協会「中小会社の会計のあり方に関する研究報告」『JICPA ジャーナル No.576』2003 年 7 月、116 頁。
26　同上報告書、115 頁。
27　同上報告書、115 頁。
28　同上報告書、115 頁。
29　同上報告書、116 〜 117 頁。
30　日本税理士連合会・日本公認会計士協会・日本商工会議所・企業会計基準委員会「中小企業の会計に関する指針」最終改正 2009 年 4 月 17 日、「4. 本指針の適用対象とする株式会社」（参照 2009 年 8 月 2 日、http://www.tabisland.ne.jp/kaikei/index.htm より）。
31　同上指針、「3　本指針の目的」より。
32　同上指針、「6　会計基準とその限定的な適用」より。
33　中小企業の会計に関する検討会「中小企業の会計に関する基本要領」2012 年、1 頁。
34　河﨑照行・万代勝信編著『詳解中小会社の会計要領』中央経済社、2013 年、28 頁。
35　中小企業の会計に関する検討会、前掲要領、2 頁。
36　同上要領、1 頁。

194　第3部　会計コンバージェンスと近年の税制改革

第10章
近年の税制改革と実態分析

はじめに

　本章では、2007（平成19）年・2011（平成23）年税制改正による減価償却制度と2015（平成27）年税制改正による受取配当益金不算入制度について、制度の概要とその実態を分析する。

第1節　2007（平成19）・2011（平成23）年税制改正における減価償却制度とその実態

　減価償却費は定率法や租税特別措置法上の特別償却により加速的な償却を実現できる。このことは第6章で確認したが、2007（平成19）・2011（平成23）年税制改正でさらに加速的な減価償却が可能となった。本節ではこの減価償却制度とその実態を分析する。

1. 2007（平成19）・2011（平成23）年税制改正における減価償却制度

　減価償却制度の抜本的な見直しが「平成19年度の税制改正に関する答

図表10-1 250倍定率法と200倍定率法の償却率

耐用年数	定額法の償却率	従来の定率法の償却率	250倍定率法	200倍定率法
2年	0.500	0.684	1.000	1.000
3年	0.333	0.536	0.832	0.666
4年	0.250	0.438	0.625	0.500
5年	0.200	0.369	0.500	0.400
6年	0.166	0.319	0.415	0.332
7年	0.142	0.280	0.355	0.284
8年	0.125	0.250	0.312	0.250
9年	0.111	0.226	0.277	0.222
10年	0.100	0.206	0.250	0.200

注：耐用年数2年の場合改正後の定率法の償却率は1を超えてしまうので1とした。小数点下3桁になるが、4桁を切り捨てている。実際には0.001ずれる可能性がある。
出所：筆者作成。

申——経済活性化を目指して」を通して行われた。そこでは「減価償却制度は、償却資産の使用期間にわたって費用と収益を対応させるものであるが、国際的な競争条件を揃え、競走上のハンディキャップをなくすことが重要である[1]」としている。

　2007（平成19）年の税制改正による減価償却制度の改正は次の点であり、この改正の定率法は250倍定率法と呼ばれている。第一に2007（平成19）年4月1日以後に取得する減価償却資産については償却可能限度額（取得価格の100分の95相当額）及び残存価額を廃止し、耐用年数経過時点に1円（備忘価額）まで償却できるとした点である。第二に定率法の償却率を、定額法の償却率（1／耐用年数）を2.5倍した数とした点である。この定率法により計算した減価償却費が一定の金額を下回ったときは、帳簿価額を均等償却するとされた。一定の金額とは、耐用年数から経過年数を控除した期間内に、その時の帳簿価格を均等償却すると仮定して計算した金額である。そして2011（平成23）年税制改正では250倍定率法が200倍定率法に変更となり、200倍定率法では、定額法の償却率（1／耐用年数）を2倍した数となった。

　250倍定率法と200倍定率法の償却率は図表10-1の通りである。

　「定額法の償却率」を2.5倍ないし2倍すると改正後の定率法の償却率となる。例えば耐用年数5年を見てみると、定額法の償却率は0.2であり、

250倍定率法は2.5を乗じて0.5、200倍定率法は2を乗じて0.4となる。

より早期に損金化が可能となる250倍定率法と200倍定率法について次の前提条件で減価償却費を計算し、従来の定額法と定率法と比較すると次の表のようになる。

設例　前提条件

> 取得価額：1,000,000円
> 耐用年数：6年
> **2007年税制改正前の条件**
> 残存価額：10%
> 改正前の定率法の場合：償却率0.319
> **250倍定率法**
> 残存価額：なし（備忘価格として1円）
> 定率法：償却率0.415
> **200倍定率法**
> 残存価額：なし（備忘価格として1円）
> 定率法：償却率0.332

4年目に250倍・200倍定率法は、定額法に切り替わっている。250倍定率法により計算した減価償却費が86,545円[2]となり、耐用年数から経過年数を控除した期間内に、その時の帳簿価格を均等償却した金額90,433円を下回ったので、償却方法を均等償却に切り替えて減価償却費を計算している。これは定率法によっても残存価額まで帳簿価額をすべて償却できるようにするためである。

2007（平成19）年に導入された250倍定率法は、従来の定率法と比較してさらに加速的な減価償却が可能となるものだった。250倍定率法による初年度の償却費（415,000円）は従来の定額法（150,000円）と比較して3倍程度の額が償却できた。200倍定率法による初年度の償却費（332,000円）は従来の定額法（150,000円）と比較すると2倍程度の額となり、従来の定率法（319,000円）と比較すると同程度となった。また、残存価額まで償却可能となったことは、損金算入できる金額が拡大し、課税ベースの縮小につながる。

第10章 近年の税制改革と実態分析　197

図表10-2 250倍・200倍定率法の減価償却費の比較

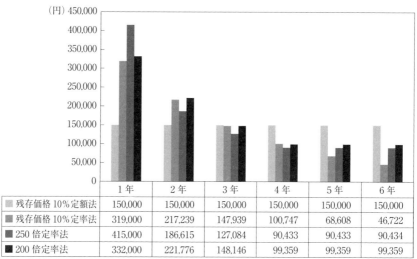

	1年	2年	3年	4年	5年	6年
残存価格10%定額法	150,000	150,000	150,000	150,000	150,000	150,000
残存価格10%定率法	319,000	217,239	147,939	100,747	68,608	46,722
250倍定率法	415,000	186,615	127,084	90,433	90,433	90,434
200倍定率法	332,000	221,776	148,146	99,359	99,359	99,359

出所：筆者作成。

図表10-3 帳簿価額比較

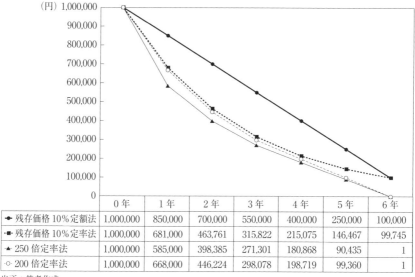

	0年	1年	2年	3年	4年	5年	6年
残存価格10%定額法	1,000,000	850,000	700,000	550,000	400,000	250,000	100,000
残存価格10%定率法	1,000,000	681,000	463,761	315,822	215,075	146,467	99,745
250倍定率法	1,000,000	585,000	398,385	271,301	180,868	90,435	1
200倍定率法	1,000,000	668,000	446,224	298,078	198,719	99,360	1

出所：筆者作成。

2. 政策と減価償却

　減価償却制度の抜本的見直しの議論について、「経済社会の持続的発展のための企業税制改革に関する研究会[3]」の報告書を取り上げて概観する。

　同報告書では減価償却制度見直しの必要性を次のように報告している。「減価償却制度は、企業の設備投資に係る税務・会計を規定する基本制度であり、そのあり方は、企業設備投資行動や国際競争力に影響を与えるものである。しかしながら、わが国の減価償却制度は、昭和39年度改正を最後に本格的に見直しが行われておらず、残存価額や耐用年数など諸外国の制度との乖離が大きくなっていることや、制度が詳細に過ぎ、技術革新や産業構造の変化のスピードに対応しにくいものとなっていることといった問題が指摘されている。企業の国際競争が激化する中で、減価償却制度について、国内における設備投資が諸外国と比べて不利にならないよう、わが国企業の国際競争力と制度の国際的整合性の観点からの見直しが求められる[4]」。以上のように国際競争力と制度の国際的整合性の観点から減価償却制度の見直しが議論されることになる。

　償却可能限度額を撤廃し、取得価額の全額を償却可能とする見直しについては次のように報告している。「現在の制度は、耐用年数経過時点における残存価額を10%とし、それ以降使用する場合の償却可能限度額は、取得価額の95%に設定されており、除却した場合に全額損金扱いとなる。一方欧米先進国は100%まで償却可能な制度となっており、わが国の制度は国際的には極めて例外的なものとなっている。また、設備の除却時の価値はほとんど残っておらず、むしろ処分費用を要しているのが実態[5]である。したがって、『償却可能限度額』を撤廃し、取得価額の全額を償却可能額とする必要がある[6]」。欧米先進諸国に倣って100%まで償却可能な制度を減価償却制度に導入する考えである。

　耐用年数を見直し、償却に要する年数を諸外国に劣らないよう短縮するという見直しについては、次のように報告している。「減価償却制度は、費用と収益を対応させる観点から設けられるものであるが、耐用年数の長短は、

図表 10-4 減価償却制度の諸外国比較表

国名	日本	アメリカ	イギリス	ドイツ	韓国
償却可能限度額 （）内は残存簿価	95% (5%)	100% (0)	100% （なし）	100% （備忘価額 1ユーロ）	100% （備忘価額 1ウォン）
残存割合	10%	0	なし	0	5%
法定耐用年数*					標準期間 （自主的な申告により 25％の加減が可能）
例1）自動車製造用 プレス機械	10年	7年 〈6.4年〉	8年	7年 〈6.2年〉	10（8～12）年 〈7.7年〉
例2）液晶パネル 製造設備	10年	5年 〈4.6年〉	8年	―	5（4～6）年 〈4年〉
例3）鍛造圧延機	12年	7年 〈6.4年〉	8年	6年 〈5.5年〉	10（8～12）年 〈7.7年〉
耐用年数表の 区分数	設備の種類ご とに388区分	耐用年数ごとに 3区分（3年、 5年、7年）	償却率で 規定	設備の種類 ごとに規定	耐用年数ごとに 4区分（5年、 8年、10年、12年）

注：* 日本、イギリスの耐用年数は残存価額10％の時点。アメリカ、ドイツの耐用年数は残存価額ゼロの時点。
韓国の耐用年数は残存価額5％の時点。また、アメリカ、ドイツ、韓国の〈 〉内は、残存価額が10％に
到達する年数であり、日本の法定耐用年数との比較可能性を考慮したもの。
2005年8月調査（146設備区分）から推計したところ、平均使用年数は、平均法定耐用年数の約1.6倍。
ただし、当該調査における平均使用年数は、資本的支出による使用期間の延長を反映していることに留
意する必要がある。
出所：「経済社会の持続的発展のための企業税制改革に関する研究会報告書」39頁。

投下資本の回収の速度に影響し、企業の競争力に大きく影響するものである。わが国企業の設備の平均耐用年数は法定耐用年数を上回っているという調査結果[7]もあるが、わが国の主要設備の多くが、欧米等に比べて長い法定耐用年数を採用しており、特に米国、韓国と比較すると、ほぼすべての設備で日本の法定耐用年数が最も長くなっている。したがって、諸外国の制度や国際競争力への影響を十分に踏まえた上で、諸外国の耐用年数よりも劣ることがないように法定耐用年数を見直す必要がある[8]」。企業の設備の平均耐用年数は法定耐用年数を上回っているという実態調査の結果が出ているにもかかわらず、諸外国と比較するとわが国の法定耐用年数は最も長くなっているため、国際的競争力への影響を踏まえた上で、法定耐用年数を短くするよう見直す必要性を説いている。

制度を柔軟かつ簡素なものにすることについては次のように報告している。「日本の減価償却制度は、諸外国と比べても、耐用年数区分が非常に多

く、詳細なものとなっている（図表10-4）。その結果、新技術や新製品が誕生する度に区分けの問題が生じたり、適用する耐用年数の問題が生じている[9]」。特に機械及び装置に関しては、設備の種類ごとに388の区分が設けられている。一方で、アメリカ・韓国の耐用年数表の区分表はそれぞれ3区分・4区分である。日本の耐用年数表の区分表は圧倒的に多い区分になっているという。同報告書の減価償却制度見直しの議論は、一貫して国際競争力の強化と制度の国際的整合性を目的としている。

3. 実態分析

　減価償却制度見直しの議論は、一貫して国際競争力の強化と制度の国際的整合性を目的としている。企業に対する減税で企業の競争力を強め、業績が拡大すれば、国民各層が豊かになるという考え[10]のもとで企業を優遇した税制が進められている。この大企業を優遇している税制の実態について調査し、特に大企業がどの程度、減価償却において税制上のメリットを享受しているのかを検討する。

　図表10-5は2004（平成16）年から2014（平成26）年までの営業収入金額に対する減価償却費損金算入額の割合を資本金規模別に算定し、その推移を示したものである。減価償却の範囲を拡大することによって利益を縮小することが可能となる。そのため営業収入金額に対する減価償却費損金算入額の割合を見ることで、減価償却費が所得をどの程度縮小しているのかを分析することができる。

① 2007（平成19）年改正前から2006（平成18）年まで
　この時期は、250倍定率法や残存価額の廃止の改正がなされる前の時期である。営業収入金額に対する減価償却費損金算入額の割合が最も安定して高いのは、資本金規模100億円以上の企業であり、2004年に4.5％、2005年に3.8％、2006年に4.3％と推移している。次いで安定して高いのは、資本金規模50億円以上の企業であり、2004年に3.9％、2005年に3.1％、2006

第 10 章　近年の税制改革と実態分析　201

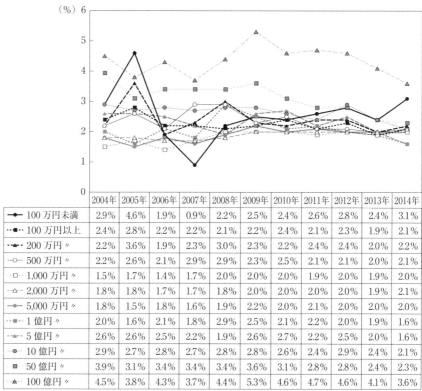

図表 10−5　営業収入金額に対する減価償却費損金算入額の割合（資本金規模別 2004〜2014 年）

	2004年	2005年	2006年	2007年	2008年	2009年	2010年	2011年	2012年	2013年	2014年
100 万円未満	2.9%	4.6%	1.9%	0.9%	2.2%	2.5%	2.4%	2.6%	2.8%	2.4%	3.1%
100 万円以上	2.4%	2.8%	2.2%	2.2%	2.1%	2.2%	2.4%	2.1%	2.3%	1.9%	2.1%
200 万円 〃	2.2%	3.6%	1.9%	2.3%	3.0%	2.3%	2.2%	2.4%	2.4%	2.0%	2.2%
500 万円 〃	2.2%	2.6%	2.1%	2.9%	2.9%	2.3%	2.5%	2.1%	2.1%	2.0%	2.1%
1,000 万円 〃	1.5%	1.7%	1.4%	1.7%	2.0%	2.0%	2.0%	1.9%	2.0%	1.9%	2.0%
2,000 万円 〃	1.8%	1.8%	1.7%	1.7%	1.8%	2.0%	2.0%	2.0%	2.0%	1.9%	2.1%
5,000 万円 〃	1.8%	1.5%	1.8%	1.6%	1.9%	2.2%	2.0%	2.1%	2.0%	2.0%	2.0%
1 億円 〃	2.0%	1.6%	2.1%	1.8%	2.9%	2.5%	2.1%	2.2%	2.0%	1.9%	1.6%
5 億円 〃	2.6%	2.6%	2.5%	2.2%	1.9%	2.6%	2.7%	2.2%	2.5%	2.0%	1.6%
10 億円 〃	2.9%	2.7%	2.8%	2.7%	2.8%	2.8%	2.6%	2.4%	2.9%	2.4%	2.1%
50 億円 〃	3.9%	3.1%	3.4%	3.4%	3.4%	3.6%	3.1%	2.8%	2.8%	2.4%	2.3%
100 億円 〃	4.5%	3.8%	4.3%	3.7%	4.4%	5.3%	4.6%	4.7%	4.6%	4.1%	3.6%

出所：国税庁企画課編「税務統計から見た法人企業の実態」より筆者作成。

年に 3.4% と推移している。2005 年に資本金規模 100 万円未満の営業収入金額に対する減価償却費損金算入額の割合が 4.6% と高くなっているが、この時のみであった。他の資本金規模の企業は、1.5%〜2.9% となっている。

② 2007（平成 19）年改正後から 2011（平成 23）年まで

　この時期は、250 倍定率法の導入と残存価額の廃止が適用される時期である。特に資本金規模 100 億円以上の巨大企業の営業収入金額に対する減価償却費損金算入額の割合が高くなっている。2007 年に 3.7%、2008 年に

4.4％、2009 年に 5.3％、2011 年に 4.7％と推移している。次いで資本金規模 50 億円以上の企業が 3.5％前後で高く推移している。資本金規模 50 億円未満の企業は 3％を上回ることがない。250 倍定率法を有効利用したのは、資本金規模 100 億円以上の巨大企業であったと言える。

③ 2011（平成 23）年改正後

　この時期は、250 倍定率法に代わり 200 倍定率法が導入された時期である。資本金規模 100 億円以上の営業収入金額に対する減価償却費損金算入額の割合は、2012 年に 4.6％、2013 年に 4.1％、2014 年に 3.6％と低下傾向にあるが、いずれにしても、他の資本金規模の企業よりも高い割合となっている。

　以上により、資本金規模 100 億円以上の巨大企業ほど、高い利益を上げ、投資を継続し、償却費の増加を損金化できる状況が読み取れる。

第2節　2015（平成 27）年税制改正における受取配当益金不算入制度とその実態

　受取配当益金不算入制度は、1950（昭和 25）年税制改正において、シャウプ勧告における法人擬制説から、法人を個人の集合体とみて、法人税を個人株主の所得税の前払いと解釈されたことにより導入された。その後、受取配当益金不算入制度を置く理由について、税制調査会の報告書で取り上げられるが、法人擬制説の見直しや法人税制がいかにあるべきかという理論的裏付けによってなされているのではなく、その都度の税政策を配慮したものであった。本節では、受取配当益金不算入制度の 2015（平成 27）年改正の内容とその実態について検討する。

1. 2015（平成27）年税制改正における受取配当益金不算入制度

受取配当益金不算入制度は、2015（平成27）年4月1日以後開始の事業年度から、株式の保有割合が3分の1（33.3…％）以下の場合等に益金不算入割合が一部引き下げられた。従来の「関係会社株式等」の区分が「関連法人株式等」に名称が変更され、株式保有割合が25％以上から3分の1（33.3…％）超に見直された。また、新たに保有割合が5％以下の場合に「非支配目的株式」の区分が設けられ益金不算入割合が20％と縮小されることになった。また、公社債投資信託以外の証券投資信託（特定株式投資信託を除く）の収益分配金の額のうち、配当等の額とされるものが全額益金算入されることになった。

図表10-6 2015（平成27）年税制改正受取配当益金不算入制度

区分	保有比率	不算入割合
完全子法人株式等	100％	100％
関連法人株式等	1/3（33.3…％）超	
その他の株式等	5％超～1/3（33.3…％）未満	50％
非支配目的株式等	5％以下	20％
公社債投資信託以外の証券投資信託（特定株式投資信託を除く）の収益分配金		益金算入

税制調査会は「法人税の改革について」の中で、受取配当益金不算入制度の見直しを次のように報告している。「企業の株式保有は、支配関係を目的とする場合と、資産運用を目的とする場合がある。支配関係を目的とする場合は、経営形態の選択や企業グループの構成に税制が影響を及ぼすことがないよう、配当収益を課税対象から外すべきである。他方、資産運用の場合は、現金、債券などによる他の資産運用手段との間で選択が歪められないよう、適切な課税が必要である。この観点から、支配関係を目的とした株式保有と、資産運用を目的とした株式保有の取扱いを明確に分け、益金不算入制度の対象とすべき配当等の範囲や、益金不算入割合などについて、諸外国の事例や、会社法における各種の決議要件、少数株主権などを参考にしつつ、見直すこととする[11]」。このように、資産運用を目的とした株式保有につい

て課税強化の方向性を示し、保有比率の低い株式について、益金不算入割合を下げた。この改正においても、法人擬制説の見直しや法人課税制度がいかにあるべきかの理論的裏付けについて議論はなされていない。

2. 受取配当益金不算入制度の実態

　1961（昭和36）年の改正まで、法人が受け取った配当は全額益金不算入となっていた。1961（昭和36）年に配当軽課措置が導入されたことに伴い支払配当を超える受取配当については一部益金算入されることになったが、1988（昭和63）年には配当軽課措置が廃止され、一般株式等について益金不算入割合が80％、2002（平成14）年に50％、2015（平成27）年に非支配目的株式等について20％と縮小されてきた。

　税務統計からみた法人企業の実態を利用してこれまで受取配当が益金不算入となってきた額の推移について分析する。図表10-7は、2003（平成15）年から2014（平成26）年までの資本金規模別の受取配当益金不算入額の推移を示したものである。資本金規模100億円以上の企業の受取配当益金不算入額が最も多く推移しており、2007（平成19）年には4兆137億円となっている。資本金規模100億円以上の企業は、2005（平成17）年から受取配当益金不算入額が急激に上昇しており、リーマンショックの影響からか2009（平成21）年に少し減少するが、現在も増額傾向にある。

　図表10-8は、資本金規模100億円以上の企業の受取配当益金不算入額の推移を1963（昭和38）年から2014（平成26）年までの期間でグラフ化したものである。制度上は、益金不算入割合を縮小しているが、資本金規模100億以上の企業の受取配当益金不算入額は年々増加傾向にあり、特に急激に増加したのは、2005（平成17）年からであることがわかる。

　以上により、資本金規模100億円以上の企業の受取配当益金不算入額がいかに多額であるのかがわかる。法人擬制説の再検討や法人税制がいかにあるべきかという理論的裏付けがないまま、この額が課税対象から除外されているのである。

図表10-7 資本金規模別受取配当益金不算入額の推移（百万円）

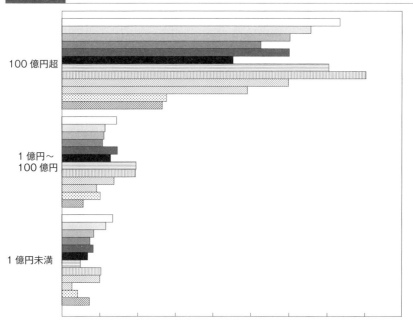

	1億円未満	1億円～100億円	100億円超
2014	670,940	722,114	3,670,936
2013	579,087	569,839	3,286,723
2012	418,231	554,936	3,014,509
2011	367,690	536,825	2,634,456
2010	411,107	733,123	3,006,268
2009	335,895	642,283	2,266,377
2008	241,506	978,718	3,522,351
2007	514,293	970,536	4,013,776
2006	498,499	688,355	2,994,611
2005	133,332	465,050	2,457,733
2004	205,474	504,913	1,383,585
2003	359,762	279,458	1,327,784

出所：国税庁企画課編「税務統計から見た法人企業の実態」より筆者作成。

206　第3部　会計コンバージェンスと近年の税制改革

図表10-8　資本金規模100億円以上の企業の受取配当益金不算入額の推移

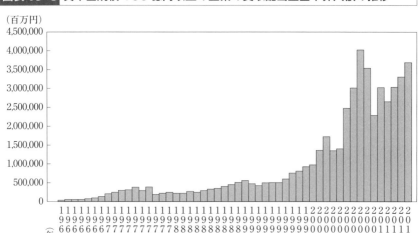

出所：国税庁企画課編「税務統計から見た法人企業の実態」より筆者作成。

第10章小括

　2007（平成19）年・2011（平成23）年税制改正でさらに加速的な減価償却が可能となった。2007（平成19）年税制改正による定率法の償却率は、残存価額を考慮しない場合の定額法の償却率（1／耐用年数）を2.5倍した数となる。2011（平成23）年税制改正では、250倍定率法が早期に損金化されすぎるものとして、200倍定率法が導入されたが、会計上の定額法・定率法の論理からはるかに乖離した計算方法で減価償却計算がなされるのである。また残存価額は廃止され、備忘記録を1とした額まで償却することが可能となった。この改正の背景には、企業の活性化を政策目標とし、国際競争力と制度の国際的整合性の観点から減価償却制度の見直しがなされた。実態を分析すると大企業ほど有効に制度が活用される状況にあり、大企業の課税ベースを縮小される傾向にある。

　大企業の実質法人税負担率を低下させている要因の一つに受取配当益金不

算入制度が挙げられる。受取配当益金不算入額は年々増加している傾向にあり、その大部分は大企業に占められている。受取配当益金不算入制度は法人擬制説を基礎とした二重課税排除措置を根拠に創設された制度である。しかし特に近年において、公開会社の株主構成は、個人株主の持株割合が減少し、機関株主の持株が増大し、7 割以上にも達する圧倒的な多数に及んでいる。法人間で株式を持ち合うため、最終的に個人で課税される機会が減少している。このような状況では、制度導入の根拠となっている法人擬制説で受取配当益金不算入制度を維持することは明らかに難しい。法人擬制説かあるいは法人実在説かという議論は、現実のさまざまな企業形態がある中でどちらかに選択することができず、どちらかに法人の本質を求めることは不毛とされている。しかし、法人擬制説が現在の企業に適合しないのであれば、受取配当益金不算入制度は原則、廃止されるべきであり、特定の企業に必要な事情があるのであれば、受取配当益金不算入制度を企業優遇税制として位置づけるべきである。実態を分析しても、法人株主が受け取る膨大な配当金が法人税の課税対象外になり、このことが大企業の税負担を著しく軽減している要因の一つとなっている。

　法人税法はコンバージェンスが進む企業会計と乖離し、政策的で誘導的な税制改革が行われるようになった。政策目標の達成以前に担税力に応じた課税を実施し課税の公平性を保つことが重要であり、その上で政策を打ち出していくべきである。担税力に応じた課税を実施するには課税所得の計算をどのようにするのかも重要な点である。課税所得の計算は会計に依存する部分が多いと考えられるため、所得となりうる収益や費用の認識を会計学の側から提言していく必要があるだろう。

注

1　政府税制調査会「平成 19 年度の税制改正に関する答申──経済活性化を目指して」2006 年 12 月、3 頁、公益財団法人日本租税研究協会ホームページ（参照 2015 年 7 月 8 日、http://www.soken.or.jp/p_document/zeiseishousakai_pdf/h1812_h19zeiseikai seitousin.pdf）。

2　期首簿価× 0.415。
3　経済産業政策局長の私的勉強会であり、座長を井堀利宏東京大学大学院経済学研究科教授とした研究会による報告書、内容の一部に減価償却制度の見直しの必要性が含まれている。「経済社会の持続的発展のための企業税制改革に関する研究会報告書」2006 年 5 月、36 〜 44 頁（参照 2015 年 7 月 8 日、http://www.meti.go.jp/report/data/g60524aj.html）。
4　同上報告書、36 頁。
5　2005 年 8 月に日本経済団体連合会と関係省庁（経済産業省、農林水産省、厚生労働省、総務省）が合同で行った実態調査の結果によると、次のようになった。製造業を中心に 1,011 社、設備 96 万台を調査した結果、実際に売却できた資産は 3.8 万台で、除却台数全体の 5.3％であった。除却時の価値であるスクラップ価額の合計額は 109 億円で、取得価額の合計額（3 兆 2,221 億円）の 0.34％であった（現行の残存価額 5％の約 15 分の 1）。一方、除却時の処分費用の合計額は 1,056 億円と取得価額の合計額の 3.3％であった（スクラップ価額の合計額の約 10 倍）。同上報告書、38 頁。
6　同上報告書、38 頁。
7　2005 年 8 月に日本経済団体連合会と関係省庁（経済産業省、農林水産省、厚生労働省、総務省）が合同で行った実態調査の結果によると、次のようになった。製造業を中心に 530 社、146 設備区分を調査した結果、約 9 割の設備が法定耐用年数より長く使用していた。設備の平均法定耐用年数は 10.1 年、全設備の平均使用年数は 16.5 年であった。したがって、実際の平均使用年数は、平均法定耐用年数の約 1.6 倍という効果であった。ただし、耐用年数を決定するにあたっては、資本的支出の実施、今後の技術革新の動向など経済的減価等を総合的に勘案して判断する必要があるが、当該調査における使用年数は、これらの要素が勘案されていないことに留意する必要がある。国際比較調査の結果では、委託調査において主要製造業種における 99 の同一設備を調査した結果、約 8 割の設備（80 設備／ 99 設備）、日本が主要国中最も長い耐用年数となっている。他の国と同一の耐用年数を含む。なお、日本の耐用年数が国際的に短い設備は、化学薬品による影響、腐食等が考慮されている化学関連の製造設備などの一部である。同上報告書、39 頁。
8　同上報告書、39 頁。
9　同上報告書、40 頁。
10　政府税制調査会、前掲報告書、1 頁。
11　税制調査会「法人税の改革について」2014 年 6 月、5 頁、内閣府ホームページ（参照 2016 年 7 月 16 日、http://www.cao.go.jp/zei-cho/shimon/26zen10kai7.pdf）より。

結　章

わが国における会計制度と法人税制

　最後に、本書の研究対象である、商法の施行による企業会計制度と法人課税の始まりから、会計コンバージェンスに至る現在までの会計制度と法人税制の関係の歴史的変遷を次の項目ごとに年表にまとめる。このようにして、本書で取り上げた会計制度と法人税制の関係性を整理する。

---
①戦前における会計制度と法人税制の関係（1887 〜 1940 年）
②企業会計原則の設定とシャウプ勧告による会計制度と法人税制の再構築（1947 〜 1961 年）
③トライアングル体制の確立にむけた時期（1962 〜 1971 年）
④トライアングル体制時（1981 〜 1997 年）
⑤グローバル化・国際競争力の強化（1998 〜 2015 年）

---

①戦前における会計制度と法人税制の関係（1887 〜 1940 年）

年	法人税法・租税特別措置法関係	商法	企業会計関係
1887	所得税法創設。		
1890		旧商法施行。	
1893		商法において企業会計法制が発足。商事会社を合名会社、合資会社、株式会社に分類。	
1899	所得税法改正により法人所得に第一種所得を課税（法人課税の始まり）。	新商法【明治32年商法】が発足。	

1902		東京株式取引所の商法違反再抗告事件の判決。	
1903	「所得金額決定不服の訴え」 原告：日本郵船株式会社 被告：東京税務監督局長		
1907		商法改正により財産評価における時価以下主義という考え方が一般化する。	
1908	「所得金額決定取消の訴え」 原告：名古屋銀行 被告：名古屋税務監督局長 「所得金額決定不服の訴え」 原告：共通銀行 被告：金沢税務監督局長		
1919	「所得金額決定に対する不服の訴え」 原告：日本郵船株式会社 被告：東京税務監督局長		
1940	法人税法による法人課税が始まる。		

- 1899（明治32）年に新商法が施行されると同時に、所得税法が改正され、法人の所得に対する課税が始まる。
- 商法では時価以下主義が一般化する。
- 1903年の「所得金額決定不服の訴え」では、減価償却費が時価以下主義の範囲内で資本の欠損として損金として認められた。しかし、積立金（引当金の性質を有する）については現金支出がないことから損金として認められなかった。
- 1908年の「所得金額決定取消の訴え」と「所得金額決定に対する不服の訴え」では、増資が営業上の必要な活動に当たるため、株式発行差金が益金として認められた。
- 1919年の「所得金額決定に対する不服の訴え」では、当時の相続税法に減価償却の規定があり、その減価償却規定を逸脱した減価償却費が損金として認められなかった。

以上のように、戦前の商法と所得税法（法人課税に関する規定）ないし法人税法の関係は希薄であり、法人課税の運用は不安定であったことが指摘できる。

② 企業会計原則の設定とシャウプ勧告による会計制度と法人税制の再構築（1947〜1961年）

年	法人税法・ 租税特別措置法関係	商法	企業会計関係
1947	法人税法第18条により申告納税制度の採用。		インストラクション公表。 証券取引法制定。
1949	シャウプにより「日本税制報告書」を公表。		企業会計原則を設定。
1950	法人税法改正（額面超過金・減資差益・合併差益の益金不算入、棚卸資産の評価方法の明確化、固定資産の減価償却方法の詳細化、青色申告制度の採用など）。 法人税率35％として法人所得に対して課税。 二重課税排除措置として、法人税法に受取配当益金不算入制度創設。 配当所得に25％の税額控除。 租税特別措置として貸倒準備金の損金算入規定の創設。	商法改正により授権資本制度の採用、無額面株式の導入、資本準備金制度の確立。	経済安定本部企業会計制度対策調査会報告『中小企業簿記要領』を公表。
1951	租税特別措置として価格変動準備金・退職給与引当金・修繕引当金の損金算入規定の創設。 特定機械等についての特別償却制度創設。		
1952	企業合理化促進法、近代化機械設備等、試験研究用の機械設備についての特別償却制度、租税特別措置として渇水準備金・違約損失準備金の損金算入規定の創設。 法人税率42％へ引き上げ。		企業会計審議会「税制と企業会計原則との調整に関する意見書」を公表。
1953	中小企業庁が『中小会社経営簿記要領』を公表。		
1954			企業会計原則注解17　負債性引当金に関する規定。
1955	法人税率40％へ引き下げ。		

1956	初めて租税特別措置について整理合理化方針が出されるが、一部整理されたのみであり、さらに新たな租税特別措置が設けられた。技術等海外取引の特別控除・繊維工業設備等臨時措置法、機械工業振興臨時措置法。		
1957	配当所得のうち1,000万円以下については20％、1,000万円以上については10％の税額控除に見直し。電子工業振興臨時措置法。法人税法改正により、法人税率が40％から42％へ引き上げ。		
1958	研究開発促進のため新技術企業化用機械設備の特別償却。法人税率38％へ引き下げ。		
1961	配当軽課措置、配当に充てた部分について28％の法人税率を採用。配当所得の控除率15％と7.5％に引き下げ。理由：自己資本比率の向上のため。		

- 1947（昭和22）年に法人税法第18条により申告納税制度が採用され、確定決算主義が始まる。
- 1949（昭和24）年に企業会計原則が設定され、商法会計と企業会計と税法会計の関係の今後のあり方として、企業会計原則を基軸として調整されるべき旨が宣言される。
- シャウプ勧告では法人課税において比例税率を採用し、法人擬制説の採用により二重課税排除措置として受取配当益金不算入制度を創設する。正確な帳簿によって記録された計算書による申告納税制度がとられ、近代会計の重要性が指摘される。
- 1950（昭和25）年の法人税法改正では、額面超過金・減資差益・合併差益の益金不算入、棚卸資産の評価方法の明確化、固定資産の減価償

- 1950（昭和25）年の商法改正では、授権資本制度を採用し、無額面株式を導入し、資本準備金制度が確立する。
- 1951（昭和26）年に退職給付引当金と価格変動準備金が租税特別措置として適用される。1952（昭和27）年に渇水準備金や違約準備金にも租税特別措置が適用される。
- 1952（昭和27）年に「企業合理化促進法」による租税特別措置として特別償却制度が創設される。
- 1954（昭和29）年の修正企業会計原則では、負債性引当金のうち納税引当金、修繕引当金、渇水準備金、退職給与引当金、特別修繕引当金を例示する。

この時期は戦後の復興と自立を目指した時代であり、復興と自立を目指した施策・産業合理化施策が実施された。その時々の経済政策もしくは社会政策上の必要に応じて、租税特別措置を数多く導入した。それに応じて企業会計原則も修正された。

③トライアングル体制の確立にむけた時期（1962～1971年）

年	法人税法・租税特別措置法関係	商法	企業会計関係
1962		商法改正により商法に取得原価主義、損益方式を導入（流動資産・固定資産・金銭債権・社債・株式、のれん等の評価規定の改正、開発費等の繰延資産および引当金規定の新設など）。	
1964	貸倒引当金、退職給与引当金、特別修繕引当金が租税特別措置から法人税法本法で規定される。		
1965	法人税法改正により「確定した決算」に基づく確定申告書の提出規定を74		

	条へ移行。返品調整引当金、賞与引当金が法人税本法で規定される。法人税率37％へ引き下げ。		
1966	「資本自由化」輸出特別償却と海外市場開拓準備金や海外投資損失準備金の設定。法人税率35％へ引き下げ。		企業会計審議会「税制と企業会計との調整に関する意見書」を公表。
1967	法人税法第22条4項に公正処理基準の設定。公害防止設備の特別償却。		
1971	製品保証引当金が法人税法本法で規定される。		
1972	技術等海外取引所得控除。		FASB発足。
1973	無公害防止生産設備の特別償却。		IASC発足。
1974	法人税率40％へ引上げ。	商法第32条2項に公正なる会計慣行の斟酌規定を設定。商法改正により「大中小会社区分立法」制定。	企業会計原則は評価性引当金と負債性引当金と評価性引当金に区別した。

- 1962（昭和37）年に商法は損益法を採用する。資産は原則取得原価評価となり、繰延資産や引当金の規定が創設される。

- 1960（昭和35）年代は多種の準備金・引当金が法人税法と租税特別措置の中に創設され、準備金・引当金制度が拡充する。1964（昭和39）年には貸倒準備金が貸倒引当金となり、同時に、貸倒引当金、退職給与引当金、特別修繕引当金が特別措置としての取り扱いから取り除かれ、1965（昭和40）年に法人税法に規定される。さらに1965（昭和40）年に返品調整引当金と賞与引当金が法人税法上に規定される。その後、1971年に製品保証引当金を追加して、1998（平成10）年・1999（平成11）年の法人税制改革に至るまで6種の引当金を特別措置ではなく法人税法本法で規定する。

- 1967（昭和42）年に法人税法上に公正処理基準が規定される。その趣

旨は、適切に運用されている会計慣行に課税所得の計算をゆだねることが適切であるとした。

- 1974（昭和49）年に大型粉飾決算事件が多発したことから、株式会社の公表会計制度に対する信頼を回復させるために、商法に公正なる会計慣行の斟酌規定をおくことにより、監査一元化を図る。公正なる会計慣行が媒介となって、「企業会計原則」が商法の計算規定の実質的な内容を構成することになる。

1960（昭和35）年代後半から1970（昭和45）年代に多くの租税特別措置が創設され、さらに商法と証券取引法の二元的な会計制度で運用されていた時期である。1967（昭和42）年に法人税法に公正処理基準が規定され、1974（昭和49）年に商法に公正なる会計慣行が規定されることによりトライアングル体制と呼ばれる会計制度の基礎が形成される。

④トライアングル体制時（1981〜1997年）

年	法人税法・租税特別措置法関係	商法	企業会計関係
1975	特定産業構造改善臨時措置法により特定産業構造改善用設備の特別償却。		連結財務諸表原則。
1976	租税特別措置の整理合理化が始まる（〜1982年）。		
1979	エネルギー対策投資促進税制。		「外貨建取引等会計処理基準」
1981	法人税率42％へ引上げ。	商法改正により利益留保性引当金を否認。	企業会計原則は、減価償却引当金を減価償却累計額とし、引当金から外した。偶発損失に備える引当金を引当金として積極的に位置づけた。
1984	法人税率43.3％へ引上げ（所得税減税のための財源確保）。		
1987	所得税：税率構造の緩和（10.5％〜70％・14段階→10.5％〜60％・12段階）。		

1988	所得税税率構造の簡素化（10％～50％・5段階）。法人税税率暫定税率の期限切れ（42％）。配当軽課税率の廃止。法人間の受取配当の益金不算入割合の引き下げ80％へ。消費税（税率3％）の創設。		「セグメント情報の開示基準」
1989	法人税率の40％へ引き下げ。		IASC 概念フレームワークの公表。
1990	法人税率37.5％へ引き下げ。		
1991			ブラッセルでの会計基準設定機関会議で日本の会計制度の特徴をトライアングル体制と名付ける。
1993			「リース取引に係る会計基準」
1994	消費税率を5％へ引き上げ。個人所得課税の税率構造の一層の累進緩和。		

- 1970（昭和45）年代後半から1980（昭和55）年代前半にかけて租税特別措置の整理縮小化が実施される。

- 1981（昭和56）年に企業会計原則は従来区別していた評価性引当金、負債性引当金および偶発損失ないし偶発事象にかかわる費用・支出又は損失に備える引当金の会計的性格は同一であるとして、これらを一体的にとらえ、引当金規定を一本化した。会計基準の国際化の影響が見られる。

- 1991（平成3）年にブラッセルでの会計基準設定機関会議で日本の会計制度の特徴をトライアングル体制と名付ける。

- 1984（昭和59）年頃から1990（平成2）年頃までの時期は、資本金規模100億円以上の企業の実質法人税負担率の推移が全体の税負担率と重なり、著しく資本金規模100億円以上の企業を優遇している状況とはなっていないことがわかる（図表 結-1 より）。

結　章　わが国における会計制度と法人税制　217

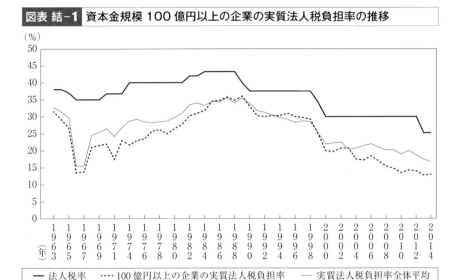

図表 結-1 資本金規模100億円以上の企業の実質法人税負担率の推移

凡例：── 法人税率　……… 100億円以上の企業の実質法人税負担率　── 実質法人税負担率全体平均

　この時期は、トライアングル体制と呼ばれる会計制度が運用されていた時期である。1984（昭和59）年から1990（平成2）年にかけて、資本金規模100億円以上の企業の実質法人税負担率が他の時期よりも高く、法人税法上の企業優遇措置が減少していることが読み取れる。

⑤グローバル化・国際競争力の強化（1998～2015年）

年	法人税法・ 租税特別措置法関係	商法	企業会計関係
1998	法人税改正（賞与引当金・特別修繕引当金・製品保証等引当金の各制度の廃止、貸倒引当金の法定繰入率制度の廃止、新たに取得する建物の減価償却方法を定額法に一本化、上場有価証券の評価方法について切り放し低価法の廃止、割賦基準の廃止、長期請負工事の収益・費用の計上について工事進行基準の適用など）。		「連結キャッシュ・フロー計算書等の作成基準」 「中間連結財務諸表作成基準」 「研究開発費等に係る会計基準」 「退職給付に係る会計基準」

年			
	法人税率34.5％へ引き下げ。		
1999	法人税率30％へ引き下げ。		「金融商品に係る会計基準」 中小企業基本法が成立。
2001		商法改正により額面株式の廃止。	IASBの設立。 企業会計基準委員会の設立。
2002	受取配当益金不算入割合の変更80％→50％。 理由：連結納税制度導入に伴う税収不足を補う財源措置として。	商法改正により資本準備金と利益準備金の取り崩しの優先順位がなくなり、資本準備金も取り崩して配当することが可能となった。	「ノーウォーク合意」により米国会計基準とIFRSとのコンバージェンスの実現を目標とする。 「固定資産の減損に係る会計基準」 収益認識プロジェクト開始。 中小企業庁が、「中小企業の会計に関する研究会報告書」を発表、日本税理士会連合会が「中小会社会計基準」を発表。
2003	研究開発促進税制、情報基盤強化税制の創設。		「企業結合に係る会計基準」 日本公認会計士協会が「中小会社の会計のあり方に関する研究報告」を発表。
2005		会社法の制定。	「『中小企業の会計』の統合に向けた検討委員会の設置について」日本公認会計士協会、日本税理士会連合会、日本商工会議所、企業会計基準委員会（順不同）の4つの団体が共同して検討を開始し、6月に「中小企業の会計に関する指針（案）」がまとめられ、8月に公表した。
2006			MOU項目を公表。 「中小企業の会計に関する指針」を公表。
2007	法人税法減価償却費計算において250倍定率法の採用、残存価額の撤廃。		東京合意。
2009			企業会計審議会企画調整部会「我が国における国際会計基準の取扱いについて（中間報告）」公表。
2011	250倍定率法から200倍定率法へ変更。		IFRS強制適用が延期。

2012	法人税率を25.5％に引き下げ。		中小会計要領を公表。
2015	受取配当益金不算入割合に20％を導入、法人税率を23.9％に引き下げ、消費税率8％に引き上げ。		
2016	法人税率を23.4％に引き下げ。		

- 1998（平成10）年・1999（平成11）年の税制改正で引当金制度を整理縮小化するなどして、課税ベースの拡大を図り、法人税率を30％に引き下げる。
- 1998（平成10）年以降、国際会計基準を基礎とした新会計基準が続々と導入される。
- 2001（平成13）年のIASBの設立により会計基準のコンバージェンスと言われるようになる。
- 2003（平成15）年に研究開発促進税制が創設される。
- 2005（平成17）年に商法の現代化と呼ばれ、会計基準のグローバル化の影響を受けた新会社法が制定される。
- 2006（平成18）年に「中小企業の会計に関する指針」が公表される。当該指針も会計基準のグローバル化の影響を受けている。
- 2007（平成19）年に法人税法の改正により、減価償却計算において、残存価額を撤廃し、250倍定率法というさらに加速的な償却を実現することができる方法が導入される。その後2011（平成23）年に200倍定率法に変更となる。
- 2009（平成21）年6月に上場企業に国際財務報告基準をそのまま導入させるスケジュールが公表され、アドプションと呼ばれる状況に至るが2011（平成23）年にIFRSの強制適用が延期される。
- 2012（平成24）年に法人税率が25.5％に引き下げられる。また、中小会計要領が公表される。
- 2015（平成27）年に受取配当益金不算入割合が縮小し、法人税率が23.9％に引き下げられ、消費税率が8％に引き上げられる。

・2016（平成28）年に法人税率が23.4％に引き下げられる。

　この時期は、新会計基準の導入に伴って会計制度と法人税制が乖離する時期である。トライアングル体制と呼ばれる会計制度に変化が見られ始める時期でもある。1998（平成10）・1999（平成11）年税制改正では法人税制において課税ベースの拡大と法定税率の引き下げが行われる。その後、法定税率は2015（平成27）年に23.9％、2016（平成28）年に23.4％に引き下げられる。国際競争力強化の下で、高い利益を上げ、投資を継続し、償却費の増加を損金化できる企業に有効に働く制度となっている。一方で、消費税率が8％に引き上げられる。この時期の資本金規模100億円以上の企業の実質法人税負担率は、全体の税負担率と比較しても徐々に低下している。会計制度と法人税制が乖離し、法人税制が政策を優先することで、応能負担原則に反する税制となってきていることが明らかとなる。

　以上のように、法人税法、商法（会社法）、証券取引法（金融商品取引法）の関係を整理した結果、関係が希薄であった時期、お互いに調整をしあって日本の企業会計法制を形成していった時期、会計基準のグローバル化によってその関係に変化が見られる時期に分類できる。特にお互いに調整をしあって日本の企業会計法制を形成していった時期において、3つの法令に共通の基盤的計算基準に依拠すべきことを要求することで、会社法（商法）上の配当可能利益の算定に関する計算規定を中心に据えて、証券取引法上の当期純利益の計算も、法人税法上の課税所得の計算も、それぞれが固有の目的理念を有しながらも相互に調整を図り、課税の公平性や企業経理の安定性を確保していた。資本金規模100億円以上の企業の実質法人税負担率が高いことからも過度に不公平な税制となっていないことが明らかとなる。

　このことから企業会計における利益計算を「公正妥当と認められる会計処理の基準」として尊重することが、政策を最優先とした過度な不公平税制を排除し、応能負担原則に則った課税の前提となっていたことが分析できる。企業会計制度と法人税制が乖離すれば、所得の基礎概念がますます不明確に

なり、何をもって所得とするのかが曖昧になると考えられる。そうすると、政策を最優先とした不公平な税制を創設しやすくなる。これらは租税特別措置や受取配当益金不算入制度の改正過程や近年の減価償却制度の税制改正にも見られる。

　課税の公平のためだけに会計制度があるわけではないため、会計制度と法人税制が乖離していく以上、課税の公平を保つための応能負担原則に則った課税所得計算の体系を整備する必要がある。政策の実施を優先して過度に不公平な税制にしてはならない。担税力に応じた課税を実施するには累進税率の採用や租税特別措置の見直しなども挙げられるが、課税所得の計算をどのように実施して行くのかも重要な点である。所得を獲得する能力を算定することは、企業利益を算定することである。法人の課税所得の計算は会計に依存する部分が多いと考えられるため、所得となりうる収益や費用の認識を会計学の側から提言していく必要があるだろう。

あとがき

　本書は、2010年3月に取得した博士論文『会計制度と法人税制―課税の公平から見た会計の役割についての研究』の原稿をもとにして執筆したものです。本書では、日本の企業課税において会計の果たしてきた役割を、制度の変化と実態分析を踏まえて考察しました。

　本書を出版しようと思ったのは、先行研究で取り上げた富岡幸雄先生の影響です。富岡先生は長年、精力的に執筆活動をされており、『税金を払わない巨大企業』では、法人所得の課税ベースのあり方に警鐘を鳴らしておられます。2015年5月14日に公益財団法人政治経済研究所主催の公開講演会で富岡先生が「法人税空洞化の現状とその再建提案――核心を衝き方向を誤らない改革を願う」をテーマにご報告されました。ご報告の内容は、『税金を払わない巨大企業』の出版経緯や、「租税特別措置の適用状況の透明化等に関する法律」が施行されたことにより入手できる膨大なデータを使用した企業の租税特別措置の適用状況などの分析でした。この機会に久しぶりに富岡先生とお会いすることができ、魂のこもった熱意のある姿勢のご報告を拝聴することができました。このような富岡先生の研究姿勢に大きな影響を受け、今回、本書を出版しようと決意しました。

　また、学位論文の完成にあたって多くの先生方や研究仲間のご指導とお支えがありました。指導教授野中郁江先生には、明治大学商学部3年生の時から博士前期課程・後期課程・現在に至るまで大変お世話になり、多くの研究指導を賜りました。博士課程に入学し、税務会計について研究したいと申し出たところ、富岡先生の本を読むように薦めてくださいました。そして、戦後の日本の会計制度の形成を学ぶために拓殖大学の嶋和重先生、納税者のための租税法を学ぶために日本大学の北野弘久先生をご紹介いただきました。学位論文の構成を親身になってお考えくださり、野中先生のご指導なしには学位論文の完成がなかったといえます。嶋和重先生にも大変お世話になりま

した。嶋先生の研究室の院生さんとお互いに報告しあい、その過程において意見を述べあい、貴重なご意見を賜りました。北野弘久先生にも大変お世話になりました。北野先生は常に納税者の立場から税法を解説してくださいました。特に印象に残っていることは、「明日、死ぬかもしれない人に担税力はない」とおっしゃっていたことです。担税力とは何か、負担能力とは何かがよく理解できた一言でした。大学院修了後は、富岡先生のご自宅で開催される総合租税科学研究会で大変お世話になり、富岡先生をはじめ研究会のみなさまから貴重なご指導を賜りました。名城大学の谷江武士先生と駒沢大学の小栗崇資先生は『内部留保の経営分析』（学習の友社、2010年）の出版にあたり、学位論文の成果の一部を執筆する機会をくださりました。さらに、谷江先生と小栗先生と明治大学の山口不二夫先生が中心になって編集してくださった『内部留保の研究』（唯学書房、2015年）でも執筆メンバーに加えていただき、内部留保の研究会を通じて貴重なご指導を賜りました。また、会計理論学会や税務会計研究学会や関東会計研究会を通じて多くの先生方に貴重な研究上のご助言を賜りました。そして、野中研究室の仲間には多くの面で支えていただきました。大学院生の時に毎年研究合宿を開催し、お互いにそれぞれの研究について議論をしあいました。今回の出版にあたっても2015年8月に研究会を行い、お互いの研究について意見を述べあいました。最後に、唯学書房の村田浩司様には、本書の出版をこころよくお引き受けいただきました。

　お世話になったみなさまに、心より感謝申し上げます。まだまだ、未熟な研究ではございますが、本書の出版によって、現時点の研究成果を示し、今後の研究活動のステップアップとしていきたいと存じます。

2017年4月

著　者

【著者略歴】
田中里美（たなか　さとみ）
2003 年　明治大学商学部卒業
2005 年　明治大学大学院商学研究科博士前期課程修了
2010 年　明治大学大学院商学研究科博士後期課程修了　博士（商学）
2011 年　公認会計士試験　合格
2012 年　三重短期大学　法経科　専任講師
2015 年　三重短期大学　法経科　准教授

【主な著書】
『内部留保の研究』（共著）唯学書房、2015 年
『経済成長の幻想――新しい経済社会に向けて』（共著）創成社、2015 年

会計制度と法人税制
――課税の公平から見た会計の役割についての研究

2017 年 4 月 1 日　第 1 版第 1 刷発行　　　　※定価はカバーに
　　　　　　　　　　　　　　　　　　　　　　　表示してあります。

著　者――田中　里美

発　行――有限会社 唯学書房
　　　　　〒101-0051　東京都千代田区神田神保町 2-23 アセンド神保町 302
　　　　　TEL　03-3237-7073　　　FAX　03-5215-1953
　　　　　E-mail　yuigaku@atlas.plala.or.jp

発　売――有限会社 アジール・プロダクション

装　幀――米谷 豪

印刷・製本――モリモト印刷株式会社

Ⓒ Satomi TANAKA 2017 Printed in Japan
乱丁・落丁はお取り替えいたします。
ISBN 978-4-908407-10-9 C3034